Kurt Tepperwein

Ewige Weisheiten

ISBN 3-931 652-50-5

1. Auflage 1999

Covergestaltung: dtp XPresentation, Boppard
Druck: FINIDR, s.r.o., Český Těšín

Verlag »Die Silberschnur« GmbH · Steinstraße 1 · D-56593 Güllesheim

www.silberschnur.de
e-mail: info@silberschnur.de

Kurt Tepperwein

EWIGE WEISHEITEN

Nutzen Sie Ihre kreativen Gedanken

SILBERSCHNUR

Vorwort

Was wir wirklich brauchen, sind nicht mehr weise Worte, sondern mehr Menschen, die die Worte leben. Aber um die Weisheit zu leben, muß ich sie zuerst einmal ins Bewußtsein nehmen. Erst wenn ich etwas kenne, kann ich prüfen, ob es meiner Wahrheit, meiner „inneren Wirklichkeit“ entspricht. Erst dann kann ich die so erkannte Wahrheit bejahen, annehmen und zu einem Teil meiner Wirklichkeit machen – zu meinem Leben.

Dazu möchte dieses Buch anregen, die Wahrheit, die in jedem liegt, an die Oberfläche des Bewußtseins zu bringen, damit sie lebendig werden kann. So ist dieses Buch ein Buch des Lebens, das ein Leben lang gelesen, verinnerlicht und gelebt werden kann. Die meisten darin enthaltenen Weisheiten haben keine Quellenangaben, weil sie mir nicht bekannt ist, obwohl es in Wirklichkeit immer nur die „eine Quelle“ gibt, ganz gleich, wer es zuerst gesagt hat.

Einige Zitate und Weisheiten sind von unbekannten Autoren oder aus unbekannten Quellen. Sollten Ihnen Liebe Leser Quellen bekannt sein, bitte teilen Sie sie uns mit, daß wir die Quellen bei einer späteren Auflage veröffentlichen können.

Dieses Buch kann man auf verschiedene Weise „lesen“, erleben, anwenden, lebendig werden lassen. So kann es mir helfen, in jeder Situation

„meine Wahrheit“ zu finden, indem ich mir eine Frage bewußt mache, das Buch aufschlage und das, worauf mein Auge fällt, als Botschaft des Lebens nehme. Als Antwort auf meine Frage, als Weg zur Lösung meines Problems oder zur Klärung einer Situation. Mit Hilfe des Buches finde ich immer mehr die Wahrheit in mir, die ewige Weisheit, die die kosmische Ordnung, die „Geistigen Gesetze“ erkennen läßt. So erkenne ich immer mehr die „Wirklichkeit hinter dem Schein“.

Dieses Buch kann mir aber auch helfen, in der Welt der Eigenschaften, Möglichkeiten und des Scheins die „Tür nach Innen“ zu finden, in die Welt des eigenschaftslosen Seins. Dort gibt es wieder eine Tür, die zurückführt in die Welt der Eigenschaften, Möglichkeiten und des Scheins, aber als „eigenschaftsloses Sein“.

Wenn ich bereit bin, hilft mir dieses Buch auch, ein Freund zu werden, wie ein Buch, denn Bücher sind die besseren Freunde. Sie reden nur, wenn wir es wollen, und schweigen, wenn wir anderes vorhaben. Sie geben immer und fordern nie. Bin ich bereit, kann ich jederzeit ein solcher Freund werden, z. B. JETZT!!!

Dieses Buch ist ein Angebot des Lebens, eine Chance, mich an „mich selbst“ zu erinnern. Eine ganz persönliche Botschaft, mich erkennen zu lassen, wer ich wirklich bin, was Leben und der Sinn meines Lebens wirklich ist. Es zeigt mir auch das Ziel allen Seins, die eine Wahrheit, die in allem liegt, hilft mir so, endlich der zu werden, der ich in Wirklichkeit bin und immer war:

ICH SELBST !!!

Gott gebe mir die
G E L A S S E N H E I T,
Dinge hinzunehmen,
die ich nicht ändern kann,
den M U T ,
Dinge zu ändern,
die ich ändern kann,
und die W E I S H E I T ,
das eine vom anderen
zu unterscheiden.
Oetinger

Die zwei Naturen des Menschen

Jeder von uns trägt zwei Naturen in sich, KAIN und ABEL.

Der Name KAIN bedeutet „Besitz“. Kain ist der ichbezogene Teil des Menschen, der habgierig und rechthaberisch ist und immer versucht, etwas in seinen Besitz zu bringen oder anderen seinen Willen aufzuzwingen.
KAIN in uns will besitzen, herrschen, sich durchsetzen.

Der Name ABEL bedeutet „Atem“. ABEL ist der geistige Teil des Menschen, seine wahre Natur, so, wie er als Mensch gemeint ist. ABEL strebt beständig nach Harmonie, Ausgleich, Verbesserung des Bestehenden und will in allem das Gute wecken. Diese wahre, geistige Natur des Menschen möchte still und bescheiden Gutes bewirken.

In der Bibel erschlägt KAIN seinen Bruder ABEL. Die niedere Natur des Menschen siegt noch über den Geistmenschen. Aber in Wahrheit ist ABEL nicht zu töten, denn ABEL ist unsere wahre Natur, ist der unsterbliche Gottmensch in uns allen. Aber der, mit dem wir uns identifizieren, der wirkt durch uns und bewirkt Krankheit, Schicksalsschläge und Leid, oder Gesundheit, Harmonie und Glück. Es ist unsere freie Entscheidung, wen wir durch uns wirken lassen. Wir haben in jedem Augenblick unseres Lebens die Wahl, uns neu zu entscheiden. Zum Beispiel

JETZT !!!

Der Mensch hat nie, was er will,
weil er nicht will, was er hat.
Wollte er, was er hat,
hätte er, was er will!!!

Wo deine Gaben liegen,
da liegen Deine Auf-gaben.

Der Weg ist das Ziel;
das Ziel ist nur das Ende des Weges.

Lächle und wisse,
alles ist gut, so wie es ist.

Gott nimmt uns nicht die Lasten,
aber er stärkt die Schultern.

Franz Grillparzer

Sobald einer in einer Sache
Meister geworden ist,
soll er in einer neuen Sache
Schüler werden.

Gerhard Hauptmann

Der Weg zu allem Großen
geht durch die Stille.

Friedrich Nietzsche

An einem offenen Paradiesgärtchen
geht der Mensch gleichgültig vorbei
und wird erst traurig,
wenn es verschlossen ist.
Gottfried Keller

Zum Glück gibt's nur zwei Wege:
Entweder sich so hoch erheben,
daß einem die Welt
kleinwinzig erscheint,
oder sich niederlassen
in eine tiefe Furche,
wo einem jeder Grashalm
als etwas Großes erscheint.
Johann Nestroy

Wenn man glücklich ist,
soll man nicht noch
glücklicher sein wollen.
Theodor Fontane

Der Pessimist ist ein Mensch,
dem es schlecht geht,
wenn es ihm gut geht –
aus Furcht, daß es ihm
schlechter gehen könnte,
wenn es ihm besser ginge...

Unsere gemeinsame „Mission"

Erkennen, wer ich wirklich bin.
Als ich selbst erwachen und durch JEDEN Tag gehen.
Das Licht in mir entzünden und halten.
Das Licht in die Welt tragen.
Immer mehr Lichter entzünden.

Meinen Platz erkennen und ausfüllen.
Meine Gaben sind meine Aufgaben.
Wissen verpflichtet, es auch anzuwenden.
Zuhören können – auch verstehen, was nicht gesagt wurde.
Das Licht anderer erkennen – Lichtkreuz sehen.
Bewußt die Umwelt durchlichten.

Der Mission bewußt sein – aber nicht „missionieren"!!!
Vorbild sein - liebevoll sein.
Friedvoll und zufrieden sein.
So leben, daß ich Achtung vor mir selbst haben kann.
Nichts begehren und nichts zurückweisen.

Meinem Nächsten helfen.
Mein „Nächster" ist der, der in mein Bewußtsein tritt.
Tun, was zu tun ist – keinen Dank erwarten.
Dem Ganzen dienen – allen zum Segen werden.
Leben als Meister!!!

Richtet nicht, auf daß ihr nicht
gerichtet werdet, denn mit dem Maß,
mit dem ihr meßt, werdet ihr gemessen werden!!

Nicht jeder kann dein Freund sein,
aber jeder ist dein Lehrer.

Lebe gelassen im Hier und Jetzt
und sei du selbst.

Ein erfülltes Leben leben!

Viele möchten ein erfülltes Leben leben, sehen aber keinen Weg. Das erscheint eine so große Aufgabe, daß man den Anfang oft nicht findet.

In Wirklichkeit ist der erste Schritt ganz einfach.
Er lautet:

„Erfülle den Augenblick!“

Tue das, was der Augenblick von dir fordert und tue es so gut du kannst, so daß du sagen kannst:

„Ich habe mein Bestes gegeben.“

Wer in jedem Augenblick tut, was zu tun ist, und weiß, daß er sein Bestes gegeben hat, der hat den Augenblick erfüllt. So erfüllt er einen Augenblick nach dem anderen und blickt eines Tages auf eine Kette von erfüllten Augenblicken zurück.

AUF EIN ERFÜLLTES LEBEN !!!

DU BIST AUSERWÄHLT, DU SELBST ZU SEIN!

Ich schlief
und träumte,
das Leben
wäre Freude.

Ich erwachte
und sah,
das Leben
war Pflicht.

Ich handelte
und sah,
die Pflicht
war Freude.

Fernöstliche Weisheit

Der Bauer und der liebe Gott

Es war einmal ein armer Bauer, der lebte fleißig und rechtschaffen in seiner kleinen Hütte und war es zufrieden. Als er eines Tages sich wieder mühte, seine kargen Felder zu bestellen, sah er plötzlich ein helles Licht vor sich und darin ein kleines Männlein, das zu ihm sprach: „Du bist allezeit rechtschaffen gewesen und glücklich, trotz deiner Armut, und so will ich dir drei Wünsche erfüllen. Wenn du einmal einen Wunsch hast, so rufe mich und ich werde ihn dir erfüllen.“

Der Bauer ging nach Hause und erzählte seiner Frau von dem wunderbaren Erlebnis. Er meinte, eigentlich habe er keine Wünsche, da er von Herzen glücklich sei, aber seine Frau wollte gern Königin sein, und so bedrängte sie ihren Mann, sich zu wünschen, daß er König würde. Seiner Frau zuliebe ließ sich der Bauer überreden, rief das Männlein und sagte seinen Wunsch. Da erhob sich ein Brausen in der Luft, alles drehte sich um ihn, und als er wieder richtig zu sich kam, war er König in einem prächtigen Palast und seine Frau saß neben ihm als Königin.

Er erfreute sich an all den schönen Dingen, aber seine Frau hatte sich bald daran gewöhnt und wollte noch mehr. So bedrängte sie ihn, Kaiser zu werden. Er wollte eigentlich nicht, weil er glücklich war, aber seiner Frau zuliebe rief er noch einmal das Männlein und bat darum, Kaiser zu werden. Da erhob sich wieder ein starkes Brausen in der Luft, alles drehte sich um ihn, und als er wieder zu sich kam, war er Kaiser und seine Frau saß neben ihm als Kaiserin.

Er war zufrieden, aber seine Frau hatte sich bald an den Glanz gewöhnt, und als sie eines Tages eine Audienz beim Papst hatten und die Knie beugen mußten vor dem Höheren, da wurmte es sie, daß noch jemand auf der Welt höher war als sie, und sie bedrängte ihren Mann, das Männlein zu bitten, Papst zu werden. Der Bauer wollte es nicht, weil er sehr zufrieden war, aber sie drängte solange, bis er nachgab. Er rief das Männlein, äußerte seinen Wunsch, und wieder erhob sich ein gewaltiges Brausen in der Luft, alles drehte sich um ihn, und als er wieder zu sich kann, war er Papst.

Er war zufrieden, aber als seine Frau sah, daß er täglich zu Gott betete, da erkannte sie, daß noch immer einer höher stand, und sie drängte ihn, Gott zu werden. Er wollte nicht, und außerdem waren die Wünsche verbraucht, aber sie drängte solange, bis er nachgab. Wieder rief er das Männlein, sagte seinen Wunsch und das Männlein sprach: „Noch einmal will ich dir deinen Wunsch erfüllen, aber diesmal ist es der letzte". Da erhob sich ein solch gewaltiges Brausen wie nie zuvor, alles drehte sich um ihn, und als er zu sich kam, saß er wieder als armer Bauer in seiner Kate, wie früher.

Da erkannte er, daß man Gott nicht außen in den Dingen finden kann, sondern nur in sich, denn Gott wohnt in einem fröhlichen und rechtschaffenen Herzen, und das hatte er ja schon immer gehabt. So war er eins mit Gott, arbeitete fleißig und war glücklich bis an sein Ende.

In
der Freiheit
gibt es Einschränkungen,
aber keine Grenzen.

„Die meisten Menschen machen
das Glück zur Bedingung.
Aber das Glück stellt sich nur ein,
wenn man keine Bedingungen
stellt."

Arthur Rubinstein

Die
große Freiheit
setzt sich aus vielen kleinen
Freiheiten zusammen.

Mensch sein bedeutet, Mensch werden

Wir alle suchen nach Erfüllung und glauben, sie im Außen, im Erfolg zu finden. Jeder aber sucht die Erfüllung woanders.

Der eine in einem gesunden Körper und guten Aussehen, der andere im Geld oder Besitz, ein Dritter vielleicht in der Macht oder im Erfolg und wieder ein anderer in der Partnerschaft oder in der Anerkennung. Das alles aber sind nur Scheinziele, denn selbst, wenn sein Wunsch in Erfüllung geht, steht am Ende doch die Ent-Täuschung, denn Erfüllung kann man im Außen niemals finden.

Erfüllung finde ich nur, wenn ich mich selbst, mein wahres Selbst gefunden habe, wenn ich erkannt habe,

wer ich wirklich bin!

Denn jede Sehnsucht ist immer nur die Suche nach sich selbst.

Doch die meisten Menschen leben ein auf Anerkennung ausgerichtetes Leistungsstreben und suchen Bewunderung und Bestätigung von außen als Ersatz für echte Liebe. Und wenn ihnen das schmerzlich bewußt wird, ergreifen sie mit Vorliebe Angebote, die den Verlust nur äußerlich kompensieren und es ihnen ermöglichen, weiter an sich selbst vorbeizuleben.

Der Narr sagt, was er weiß,
der Weise weiß, was er sagt!!!

Prüfet alles, und das beste behaltet!!!

Was sein soll – ist immer:
was ist –
soll nicht immer sein:

Alles ist nur der
Wandelbarkeit wegen –
darum kann manchmal sein:
Was nicht immer sein darf –

Was sein soll – ist immer:
was ist –
wird nicht immer sein...

Unsere Bestimmung!

Die einzige Bestimmung ist es, vollkommen zu werden. Aber wie das geschieht, auf welchem Weg, mit welchen Schritten, das bestimmen Sie selbst, das ist Ihr Schicksal, Ihre Entscheidung.

Jeder trägt seinen „Schicksalsrucksack“ ständig mit sich herum. Jeder Gedanke fügt einen neuen Teil hinzu, jede Lektion des Lebens löst einen Teil auf. Am Ende meines Lebens nehme ich meinen Rucksack mit, wie ein Schulkind seinen Schulranzen. Ich stelle ihn vor der Tür zu Hause ab und mache meine Hausaufgaben, indem ich die Erkenntnisse des vergangenen Lebens in mein Bewußtsein integriere. Dann bereite ich mich auf einen neuen Schultag vor, ein neues Leben. Dafür entwickle ich die benötigten Fähigkeiten und Kräfte, ziehe die entsprechenden Eltern an und bestimme damit auch die Zeit und den Ort meiner nächsten Inkarnation. Dann nehme ich meinen Rucksack mit meinem Schicksal auf mich, in dem ich alles Schicksal so vorfinde, wie ich es nach dem letzten Leben zurückgelassen habe, und ein neuer „Schultag“, ein Leben, beginnt.

Ich packe also jeden Tag meines Lebens meinen Rucksack und bestimme damit heute schon mein Schicksal meines nächsten Lebens. Durch Psychohygiene kann ich jederzeit meinen Rucksack ausschütten und neu sortieren, weglassen, was ich nicht wirklich brauche und hinzufügen, was nützlich und hilfreich sein könnte. So bestimme ich bewußt mein Schicksal!!!

Das „Gesetz des Karma"

Das Gesetz des Karma bindet den Unwissenden, aber macht den Wissenden frei.

Wer heute einen Gedanken sät, der erntet morgen die Tat, übermorgen die Gewohnheit, danach den Charakter und endlich sein Schicksal!

Diese Kette von Ursache und Wirkung beginnt weder mit der Geburt, noch endet sie mit dem Tod. Sie verbindet die einzelnen Inkarnationen und schließt sie sinnvoll zusammen. Unser Schicksal ist somit nichts anderes als die Summe unserer Entscheidungen oder Fehlentscheidungen.

In diesem Leben gestalten wir bereits die Bedingungen unseres nächsten Lebens, und noch können wir bewußt bestimmen, was wir als Schicksal im nächsten Leben vorfinden wollen.

So gibt es weder unverdientes Leid noch unverdientes Glück, sondern nur Ursache und Wirkung. Glück ist eben nicht Glückssache, und auch der Zufall ist nur das, was uns auf Grund unseres Verhaltens zufällt. Wer leidet, der leidet durch den eigenen Willen, und auch eine scheinbare Ungerechtigkeit ist nur eine höhere Gerechtigkeit.

Wir belohnen oder bestrafen uns, indem wir den Gesetzen entweder gehorchen oder sie brechen. Das Schicksal ist somit das denkbar gerechteste, individuellste System, das man sich denken kann, und immer ein Maßanzug für unsere individuelle „Notwendigkeit“. Die Auseinandersetzung mit dem, was wir Schicksal nennen, führt letztlich zu der Begegnung mit der Kraft, die wir Gott nennen.

Unsere Freiheit besteht darin, die Vollkommenheit als unser geistiges Erbe zu erkennen und es anzutreten, indem wir sie mehr und mehr zum Ausdruck bringen.

Es kommt nicht darauf an, wie die Dinge
sind, sondern wie du damit umgehst.

Der Kluge lernt aus seinen Fehlern,
der Weise lernt aus den Fehlern der anderen,
der Narr weder aus dem einen noch aus dem anderen.

Meine Schöpfungsgeschichte

Am Anfang war alles eins. Gott, die „Eine Kraft", ruhte „unoffenbart" in sich. Es gab nichts außer Gott, und nichts war in „Erscheinung" getreten.

Dann gestattete Gott einem Teil von sich, als Viele in Erscheinung zu treten. Dieser als Viele in Erscheinung getretene Teil des Einen begann zu wirken und dieses Wirken ist die Liebe. Alles, was in Erscheinung getreten ist, ist ein Ausdruck der Liebe des Einen.

Das Wirken der Liebe tritt als Harmonie in Erscheinung. Das „Gesetz der Harmonie" ist das Grundgesetz der Schöpfung, aus dem sich alle anderen Geistigen Gesetze ableiten lassen. Es ist Ausdruck der Einheit und Ganzheit der Einen Kraft und führt alles, was geschieht, wieder in die Einheit zurück.

Dieses Geschehen in Harmonie tritt aus Liebe als „Gesetz der Evolution" in Erscheinung. Nach diesem Gesetz geschieht alles Fließen – Werden – Sein! Das „Spiel des Lebens".

Alles Sein schwingt zwischen zwei Polen in verschiedenen Rhythmen, nach dem „Gesetz der Schwingung", dem „Gesetz der Polarität" und dem „Gesetz des Rhythmus". Alles aber hat seine Entsprechung im Größeren wie im Kleineren, im Sichtbaren wie im Unsichtbaren, nach dem „Gesetz der Entsprechung“ oder dem „Gesetz der Analogie“. Und alles steht in einer Beziehung zueinander, nach dem „Gesetz der Resonanz“. Gleiches zieht Gleiches an und stößt Ungleiches ab.

Die ganze Schöpfung aber tritt als Fülle in Erscheinung, die jedem einzelnen Teil die Freiheit läßt, nach dem Willen des Einen. Sobald ein Teil zum Denken erwacht ist, ist er als Mitschöpfer aufgerufen und eingeladen, nur begrenzt von seinem eigenen Denken und Glauben.

Alles Tun unterliegt dem „Gesetz von Ursache und Wirkung“, das als „Gesetz des Schicksals“ in Erscheinung tritt.

Jeder Teil wird solange immer wieder in die Erscheinungswelt hineingeboren, bis sich die letzte der von ihm gesetzten Ursachen ausgewirkt und die Harmonie wiederhergestellt ist.

Nach dem „Gesetz der Gnade“ hat jeder Teil in jedem Augenblick die Möglichkeit, den Schritt zur Erleuchtung zu tun und sich damit vom „Rad der Wiedergeburt“ zu entbinden und in die Einheit des Seins zurückzukehren. Sind alle Teile des Einen so wieder in die Einheit zurückgekehrt, ruht die Eine Kraft wieder unoffenbart in sich, bis ihr Wille erwacht und sie wieder einem Teil von sich gestattet, als Viele in Erscheinung zu treten. Eine neue Schöpfung beginnt.

Was ist Schöpfung?

Alles was ist, ist ein Ausdruck der einen Kraft, die wir Gott nennen.
So gibt es auch nur eine Kraft, die heilt, das eine Bewußtsein, das alles, was ist, durchdringt und erfüllt. Dieses eine Bewußtsein ist allwissend, allmächtig, alliebend und allgegenwärtig.

Also ist dieses eine Bewußtsein auch in mir. Ich lebe, weil es in mir ist, denn es ist das Leben. Je mehr ich mich ihm öffne, desto leichter und umfassender kann es in mir wirken.
Es bewirkt Gesundheit, Lebensfreude, Vollkommenheit.

Vollkommenheit aber ist allumfassend, kann nicht für mich, für mein Ego erreicht werden. Also muß ich anderen helfen, um selbst vollkommen zu werden. So werde ich Lebens-Berater oder Heil-Praktiker und helfe meinem Nächsten. Ich werde zum Kanal für die eine Kraft, die nun durch mich wirkt.

Ich helfe so meinem Nächsten, sich selbst zu erkennen und zu verwirklichen, gebe Hilfe zur Selbsthilfe. Im Idealfall kann auch er dann anderen helfen, denn Vollkommenheit ist erst erreicht, wenn der letzte vollkommen ist.

Zur Vollkommenheit gehört auch die vollkommene Liebe, ohne die Vollkommenheit nicht vollkommen wäre. Das heißt, sich selbst genau so zu lieben wie den Nächsten. Ihn als Teil des einen allumfassenden Bewußtsein zu erkennen, von dem auch ich ein Teil bin. Das heißt aber auch, „IHN" als mein wahres Selbst zu erkennen.

Das heißt, „IHN" in allem zu erkennen, im Baum und im Vogel, in der Sonne und im Wind, in der Krankheit und im Glück, im Brot, das ich esse, und im Partner, mit dem ich lebe.

Eins werden mit allem und in diesem Bewußtsein der Einheit zu leben und meinen Nächsten zu helfen, zu dieser Einheit zu erwachen, das ist der Weg und das Ziel!

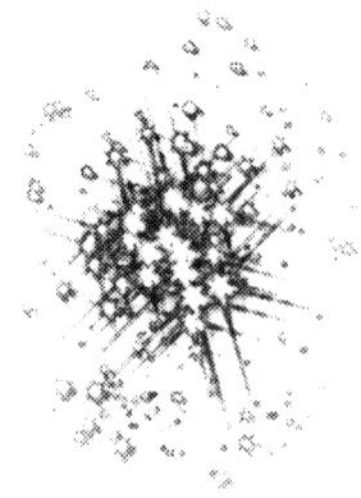

Gibt es „Zufall“?

Wir leben in diesem KOSMOS, und dieses Wort bedeutet ORDNUNG. In dieser Ordnung ist kein Platz für so etwas wie ZUFALL! Wir konnten nur auf dem Mond landen, weil wir auf die Sekunde genau berechnen konnten, wann der Mond an welcher Stelle sein würde, und er war pünktlich dort. Diese Ordnung funktioniert absolut. Was manchmal nicht ganz so absolut funktioniert, ist der Mensch.

Du kannst nicht Frieden schaffen
in der ganzen Welt,
aber du kannst Frieden schaffen
in dir.

Gebet eines Indianer-Häuptlings:
„Großer Manitou, hilf mir,
den größten Feind zu besiegen,
den ich habe, mich selbst,
und hilf mir,
den besten Freund zu finden,
den es gibt – mich selbst.“

Alle Wege führen letztlich
zum gleichen Ziel,
zu dir selbst!!!

Der Mensch
kennt alle Dinge der Erde, aber den Menschen kennt er nicht

Jeder Mensch befaßt sich mit Physiognomik, selbst wenn ihm dieser Begriff fremd ist. Noch bevor ein Kind sprechen kann, hat es gelernt, den Gesichtsausdruck der Mutter zu deuten. Es erkennt, ob sie fröhlich, schlecht gelaunt oder gar ärgerlich ist.

Oder ein Fremder wird Ihnen vorgestellt. Sie schauen ihm ins Gesicht und haben einen ersten Eindruck. Es spielt dabei keine Rolle, ob Ihr Urteil begründet ist oder nicht. Sie reagieren auf diesen ersten Eindruck. Jeder reagiert auf die Gesichtszüge und das Mienenspiel seiner Mitmenschen, ob er nun will oder nicht, und die „Sprache der Physiognomik" ist international.

Das ist auch keineswegs eine neue Wissenschaft, sondern schon in den ältesten Kulturen war sie hoch entwickelt. Menschenkenntnis bedeutet in erster Linie Schulung der Wahrnehmung. Wenn wir dann noch aufhören, Menschen zu beurteilen, oder gar zu verurteilen, können wir anfangen, sie zu ent-decken!!!

Praktisch beginnt alle Menschenkenntnis bei der Selbsterkenntnis. Je bewußter ein Mensch sich selbst beobachten und erkennen gelernt hat, um seine Stärken und Schwächen weiß, um so umfassender wird er auch einen anderen erkennen können. Man könnte sogar sagen, daß ein Mensch einen anderen nur so weit erkennen kann, wie er sich selbst erkannt hat.

Aber nur wenige sind bereit, der Wahrheit ins Gesicht zu sehen, dabei ist Selbsterkenntnis der erste Schritt zur Selbstverwirklichung.

Wer andere erkennt, ist klug, wer sich selbst erkennt, ist weise!!! Selbsterkenntnis aber, ohne die Konsequenzen daraus zu ziehen, ist Zeitverschwendung.

Mit der Forderung: „Erkenne dich Selbst“ ist natürlich die Forderung verbunden: „Sei du Selbst“.

Hermes Trismegistos hat bereits vor 5.000 Jahren in der Tabula Smaragdina festgestellt:

Wie innen, so außen.

Nur deswegen ist es möglich, den Charakter eines Menschen an seinem Äußeren zu erkennen – wenn man gelernt hat, die Signale zu verstehen. Dann aber können wir uns darauf verlassen, denn:

Der Körper kann nicht lügen.

Er zeigt wie ein Spiegel nur das, was ist.

Christian Morgenstern sagte: „Der Körper ist die Übersetzung der Seele ins Sichtbare“.

Dabei sollten wir stets daran denken, daß es keine guten oder schlechten Zeichen gibt. Es gibt nur so oder so, und deshalb sollten wir auch nicht urteilen, sondern nur beobachten und wahrnehmen.

Natürlich können wir unsere Menschenkenntnis benutzen, um mehr Erfolg im Leben zu haben. Wir wissen vorher, was wir von einem Partner oder einem Mitarbeiter erwarten können. Wir sollten unsere Kenntnisse jedoch nicht verwenden, um den anderen zu übervorteilen.

Richtig angewandt, hilft uns die Menschenkenntnis, den anderen besser zu verstehen, seine Stärken zur Geltung zu bringen und ihm zu helfen, seine Schwächen zu besiegen.

Mit einem Wort, Menschenkenntnis sollte uns helfen, besser miteinander zu leben, weil wir uns besser verstehen. AUCH UNS SELBST.

Nenne dich nicht arm, weil deine Träume
nicht in Erfüllung gegangen sind; wirklich
arm ist nur, der nie geträumt hat.

Marie von Ebner-Eschenbach

Ab wann ist man
wirklich reich?
Wenn man endlich
genug hat!

Wer andere besiegen will, muß erst sich
selbst besiegen.
Wer andere beurteilen will, muß erst sich
selbst beurteilen.
Wer andere erkennen will, muß erst sich
selbst erkennen.

Lü-Bu-Wie

Erkenne dich Selbst

Schon über dem Tempel von Delphi standen die Worte: „Erkenne dich selbst“. Im Inneren des Tempels ging dieser Satz dann weiter: „...dann erkennst du GOTT“!!! Wahre Selbsterkenntnis führt so immer zur Erkenntnis Gottes.

Selbsterkenntnis ist eine Aufgabe, die die meisten Menschen nicht für besonders schwierig halten. Die meisten Menschen glauben, sich selbst zu kennen. Sie haben sich beobachtet, über sich nachgedacht, vielleicht sogar mit Freunden über sich gesprochen und glauben, sich dadurch ganz gut zu kennen. Wenn wir aber wirklich damit Ernst machen, wird gerade die Selbsterkenntnis schwierig.

Dabei gibt es ein zuverlässiges Hilfsmittel, das wir dabei unbedingt nutzen lernen sollten, nämlich unser Gesicht. Niemand sieht zufällig so aus, sondern er sieht so aus, weil er so ist. Sein Äußeres macht nur seine innere unsichtbare Wirklichkeit, sein SO-SEIN sichtbar. Das Gesicht wird zum Spiegel der inneren Wirklichkeit.

Außerdem sind sich alle Weisen einig, daß der Mensch als Mikrokosmos dem Makrokosmos entspricht, das das Außen nur ein Spiegelbild des Innen ist und ich das Außen, daß heißt, meine Lebensumstände und mein Schicksal, nur in dem Maße verändern kann, wie ich das Innen ändere.

So wird Selbsterkenntnis zur Erkenntnis der Schöpfung und die Erkenntnis der Schöpfung zur Selbsterkenntnis. Lernen wir daher miteinander im „Buch der Schöpfung“ zu lesen!!!

An kleinen Dingen muß man sich nicht
stoßen, wenn man zu großen auf dem Wege ist.
Friedrich Hebbel

Auch aus Steinen, die in den Weg gelegt
werden, kann man Schönes bauen.
Johann Wolfgang von Goethe

Es gibt nur ein Mittel, sich wohl zu fühlen:
Man muß lernen, mit dem Gegebenen
zufrieden zu sein und nicht immer das
verlangen, was gerade fehlt.
Theodor Fontane

Am reichsten sind die Menschen, die auf
das meiste verzichten können.
Rabindranath Tagore

Die Aufgabe des Menschen

Eine Legende erzählt, daß die Gnade Gottes ständig wie ein Regen auf die Welt herniederströmt, aber die meisten Menschen haben keinen Anteil an dieser Gnade, da ihr Bewußtsein nach unten geöffnet ist, zur Materie hin. So ist es die erste Aufgabe des Menschen, sein Bewußtsein nach oben zu öffnen, damit er der Gnade Gottes teilhaftig werden kann. Die zweite Aufgabe des Menschen ist es, sein Bewußtsein ständig zu erweitern, damit er immer mehr Gnade empfangen kann, denn was nützt der ständige „Regen des Segens", der Ozean an Gnade, wenn er nur ein Bewußtsein hat wie ein Fingerhut.

Leben ist fließende, wirksame Energie. Wird ein Aspekt dieser Energie nicht zugelassen, entsteht ein Stau: Auf der einen Seite Druck, auf der anderen Seite Mangel.

Lasse ich zum Beispiel den Aspekt „Durchsetzungsvermögen" nicht zu, wird sich der Mangel vielleicht darin ausdrücken, daß ich bei der Beförderung übergangen werde, eine Stellung nicht bekomme oder ein anderes Ziel nicht erreiche.

Auf der körperlichen Ebene erscheint der Mangel als Muskelschwäche, Zahnfleischschwund oder Haarausfall.

Auf der anderen Seite erscheint der Druck als „Notwendigkeit“ in den Lebensumständen, mich vielleicht einer unerfreulichen Aussprache stellen zu müssen, einem Gerichtsverfahren oder ähnlichem und damit gleichzeitig als Chance, den Aspekt „Durchsetzungsvermögen“ zu entwickeln, die Aufgabe zu lösen und wieder frei zu sein.

Geschieht das nicht, beginnt der Kreislauf von vorn, indem ich durch Vermeiden der unerfreulichen Aussprache Nachteile erlebe, oder ich verliere das Gerichtsverfahren, weil ich mich nicht genügend eingesetzt habe, und erlebe verstärkt den Mangel und gerate unter immer größeren Druck. Bis irgendwann der Druck unerträglich wird, der Mangel nicht mehr auszuhalten ist und ich endlich handele.

Die Schöpfung will mich damit nicht ärgern, sondern sie zwingt mich schmerzhaft zur Entwicklung, wenn ich sie irgendwo blockiere.

Schmerz ist der Schrei des Gewebes nach fließender Energie.

Die
wahre Lebenskunst
besteht darin,
im Alltäglichen
das Wunderbare zu sehen.
Pearl S. Buck

Suche nicht nach dem Sinn des Lebens,
GIB IHM EINEN!!!

Du schaffst dein Schicksal,
du mußt es tragen,
und nur du kannst es ändern.

Gehe deinen Weg
ohne Eile und Hast,
aber was auch geschehen mag,
sei du selbst!!!

Du bist auf der Durchreise

Du bist auf der Durchreise, denke daran!
Sieh' keine Station als die Endstation an!
Klag' nicht, wenn die Reisegefährten nichts taugen,
Durchreisende haben das Ziel vor Augen!
Sie fühlen sich überall nur als Gast!
Leicht sei ihr Gepäck, weder Bürde noch Last!
Sie schauen und wägen und blicken voraus:
Durchreisende zieht es magnetisch nach Haus!
Oft steigen sie um oder wechseln das Kleid,
Denn die Fahrt währet lang, und zu Hause liegt weit!
Und verlier'n sie in sternlosen Nächten die Sicht –
Sie wissen: Am Ende des Tunnels ist Licht!
Und sie träumen wohl manchmal von einem Idyll
Ruhevollen Verweilens – doch der Zug steht nicht still!
Alles fließt, kommt und geht:
Pflanze, Tier, Mensch, Natur –
Glaub' mir: Du bist – wie ich – auf der Durchreise nur ...

JEDER NEUE TAG IST EINE NEUE CHANCE –
SICH ZU FINDEN –
IN SICH FÜNDIG ZU WERDEN –
AUS SICH HERAUSZUGEHEN!

Wessen Glück zu viele Bedingungen kennt, der hungert vor vollen Schüsseln und leidet bitterste Not inmitten goldener Fülle. Dessen Glück keine äußeren Bedingungen kennt, der allein ist im wahren Glück.

Versuch nicht zu wissen,
was du nicht weißt.
Versuch nicht zu wollen,
was du nicht willst.
Versuch nicht zu sein,
der du nicht bist.
Versuch nicht zu lächeln,
wenn du weinen möchtest.
Versuch nicht ja zu sagen,
wenn du nein sagen willst.

Was ist Schicksal?

Wir alle haben unser Schicksal, tragen es mehr oder weniger geduldig, aber kaum jemand fragst sich einmal, warum er unter diesen Umständen lebt, was sie verursacht und ob und wie man sie eventuell ändern könnte.

Lieber hoffen wir auf ein Wunder. Der Kranke auf eine medizinische Kapazität oder ein Wundermittel, und wenn das nicht hilft, auf einen Hypnotiseur oder Geistheiler, der ihn mühelos und blitzschnell gesund macht, damit dieser danach genauso falsch weiterleben kann.

Der Arme will schnell reich werden, möglichst durch einen Lottogewinn, bei dem der Einsatz gering, aber das Ergebnis großartig ist.

Der Einsame will seinen Idealpartner finden durch eine wunderbare Fügung des Schicksals, ohne sich zu fragen, ob er denn für den anderen der ideale Partner ist.

Das Gesetz des Schicksals hat keine Entscheidungsfreiheit. Es sagt nur: Wenn du das tust, geschieht das, und tust du dies, geschieht dies.

Es gibt keine „Schicksalsverteilungsstelle“ im ganzen Universum, es gibt nur Ursache und Wirkung. Wir nennen die Schöpfung Kosmos, und das bedeutet Ordnung, und in dieser Ordnung ist kein Platz für Glück oder

Pech oder Zufall, „Gibt es Zufall“ und Zufall ist nichts anderes als das, was mir auf Grund meines So-Seins zufällt. Das Schicksal ist ein Spiegelbild meines Seins.

Jeder meiner Gedanken ist ein Teil meines Schicksals und entsteht nur durch Eigenwilligkeit. Sobald ich nur noch „einen“ Willen erfülle, kann mich das Gesetz des Schicksals nicht mehr erreichen. So kann auch nur ich mich vom „Rad des Schicksals“ befreien.

Ich verstehe mein Schicksal erst, wenn ich die „Botschaft meines Körpers“ verstehe und die „Sprache der Lebensumstände.“ Dann verstehe ich, warum ich krank geworden bin, einen Unfall hatte, einen Feind habe oder zu Macht, Ruhm, Erfolg oder Ehre gekommen bin. Ich erkenne das alles als Lektionen, die das Leben mir schickt, weil ich sie „not-wendig“ gemacht habe. Nachhilfelehrer sind Krankheit, Leid und Alltag.

Ganz gleich, was das Schicksal mir schickt, alles sind nur Chancen, zu lernen, alles will mir nur helfen und dienen, und so erkenne ich die Wahrheit: Alles ist gut, so wie es ist. Das heißt nicht, daß es so bleiben sollte, aber im Augenblick ist es das Beste, um mir zu helfen, das Richtige zu tun.

Ich lerne das Schicksal verstehen durch die Kenntnis der „geistigen Gesetze“. Dann erkenne ich, daß alles mich zurück zur Einheit führen will – zu Gott!

Einheit ist ohne Ehrlichkeit nicht möglich. Ehrlichkeit heißt: Wahrhaftigkeit, Achtsamkeit und Bescheidenheit, denn Bescheidenheit kommt von Bescheid wissen, und wer Bescheid weiß, ist bescheiden. Nur wenn ich ehrlich bin, kann ich die eine Wahrheit in allem erkennen, und damit wird Schicksal überflüssig.

Jeder bekommt also vom Schicksal das, was er verursacht. Nicht mehr, nicht weniger und nichts anderes.

Wir alle sind Schöpfer, Träger und Überwinder unseres Schicksals. Schicksal ist immer ein Maßanzug, ist immer einmalig, und so werde ich auch nie vom Schicksal überfordert. Ich selbst gestalte meine Verhältnisse durch mein Verhalten.

Es gibt daher weder unverdientes Glück noch unverdientes Leid, sondern nur Ursache und Wirkung.

Der einzige Mensch, der mich glücklich machen kann, bin ich selbst. Allerdings bin ich auch der einzige, der mich unglücklich machen kann.

Die Schöpfung ist vollkommen, aber noch nicht vollendet und geschieht ständig. Wir alle sind Mitschöpfer.

Dem Schicksal ist es gleich, ob ich etwas bewußt oder unbewußt tue, ich trage die Folgen. Aber nur bewußt kann ich mich entscheiden, auch unbewußt das Richtige zu tun.

Mein Körper ist nur die Leinwand, die sich selbst reguliert. Mein Bewußtsein projiziert seinen Zustand auf den Körper, um ihn sichtbar und fühlbar zu machen!

Die Krankheit will mich zwingen, einen inneren Schritt zu tun, damit ich nicht mehr davon berührt werde.

Alles, was mich im Außen berührt, habe ich „notwendig“ gemacht und ist gut, weil es mich zwingt, innen zu wachsen!!!
Wenn ich richtig damit umgehe, ist alles positiv.

Aller
Anfang ist leicht,
und die letzten Stufen
werden am seltensten
erstiegen.

Johann Wolfgang von Goethe

Es liegt in der
menschlichen Natur,
vernünftig zu denken
und unvernünftig
zu handeln.

Anatole France

Humor ist eines der
besten Kleidungsstücke,
die man in Gesellschaft tragen
kann.

Die Worte eines Weisen

Höret meine Worte und bewegt sie in eurem Herzen

Sät, solange es Tag ist und eure Kraft nicht versiegt, freudig die Saat des Guten und meidet das Böse, dann wird eurer kommender Tag licht.

Vergebens müht sich der Mensch, durch das Sammeln vergänglicher Güter Glück zu erlangen. Dein Leben zerrinnt wie Wasser, das man mit den Händen schöpft. Nur das Gute hat Bestand, führt zum Erwachen und zu wandelloser Glückseligkeit. Darum tuet das Gute, das ihr tun könnt, sogleich – da das, was am Morgen vor euch liegt, am Abend schon vergangen sein kann. Wartet nicht, bis ihr alt seid und schwach und nicht mehr Schöpfer, sondern nur noch Träger des Karmas!

Bedenkt, daß heute euer letzter Tag sein kann! Darum gehet hin und tuet das Gute, das ihr tun könnt, jetzt. Erkennet, daß alles Leben nur ein Übergang ist, und sorgt durch Taten der Liebe, daß eurer Scheiden kein Untergang sei, sondern der Anfang aus dem Dämmer ins Licht. Erkennt in jedem Wesen euren Bruder, euer anderes Ich. Was ihr ihm Gutes erweist, fügt ihr euch selbst zu. Was ihr aber nur für euch selbst tut, das raubt ihr in Wahrheit euch und den anderen. Befreit euch von der Blindheit der Ichsucht und lernt, durch freudiges Geben die Last des anderen zu mindern. Im gleichen Maße schwindet eure eigene Last.

Reifezeit ist jetzt und immerfort und ebenso Saatzeit. Durch freudiges Säen guter Saat bewirkt ihr die Wandlung und Aufhebung selbstgeschaffener Schicksalsschulden. Eben dies lehre ich euch. Karmatilgung durch Gutes-tun – Karmaüberwindung durch Selbst-Bewußt-Sein.

Erwacht aus eurem Seelenschlaf und bleibt wachsam! Achtet, daß euer Leben nicht wie Wasser zerrinnt, ohne daß ihr das Höchstmaß an guten Taten vollbrachtet! Alle Sinnenfreude, alle Freunde, alles was ihr erworben habt, läßt euch im Tod allein, aber eure guten Taten begleiten euch in das Licht des ewigen Tages. Vergeßt nicht, Güte überwindet das Böse – Liebe erlöst.

An euch liegt es, ob die Ketten des Karma euch weiter fesseln und belasten, oder ob ihr sie löst und frei seid.

Nun, da ihr wißt, was euch frei macht – geht hin und tuet das Rechte!!!

Höre nicht auf die Reden der Menschen,
wenn es dein Wunsch ist, sie zu verstehen.

Wenn du das Wort Glück begreifen willst,
mußt du es als Lohn
und nicht als Ziel verstehen.

Es kommt darauf an,
daß du auf etwas zugehst,
nicht, daß du ankommst.

Die „Botschaft deines Körpers“

Früher oder später fragt sich jeder Mensch nach dem Sinn seines Lebens, sucht Möglichkeiten, das Leben und sich selbst besser zu verstehen. Dabei hat das Leben uns einen wunderbaren Botschafter geschickt, der gern bereit ist, uns alles zu zeigen und zu erklären. Wir erkennen ihn nur meist nicht, weil er so naheliegend ist. Es ist unser Körper. Indem wir lernen, ihn zu verstehen, verstehen wir uns selbst, das Leben, die ganze Schöpfung und letztlich Gott.

Unser Körper, dieser wunderbare Botschafter des Lebens, sagt uns nicht nur, wo wir uns nicht lebensgerecht verhalten, er sagt uns stets auch genau, was zu tun ist, um wieder ganz in Harmonie mit dem Leben zu sein.

Er schickt uns ständig Botschaften, nicht nur über die verschiedenen Krankheitssymptome, sondern auch über die Form unseres Gesichtes, unsere Mimik, Gestik, unseren Gang. Wir können so nicht nur Krankheiten im Gesicht erkennen, sondern auch unseren Charakter. Der Körper läßt so für uns etwas sonst Unsichtbares sichtbar werden, damit wir es erkennen, und wenn wir ein Symptom nicht beachten, dann schickt er uns den Schmerz, damit er uns auf die Botschaft aufmerksam macht.

Über das Universum unseres Körpers spiegelt das Leben jede Wirklichkeit und damit auch den Makrokosmos, die ganze Schöpfung. Dieser wunderbare Botschafter des Lebens, unser Körper, spricht also ständig zu uns. Wir brauchen nur zu lernen, seine Sprache zu verstehen, seine Ratschläge zu befolgen, und wir sind im Einklang mit dem Leben, in Harmonie mit der Schöpfung.

Es war im Jahre 1818, als der deutsche Arzt Heinroth die Ansicht äußerte, körperliche Krankheiten könnten psychische Ursachen haben. Damals wurde er von seinen Kollegen einfach ausgelacht, und zwar nicht wegen der Selbstverständlichkeit seiner Aussage, sondern wegen der so abwegig erscheinenden Idee, es könne wirklich so etwas wie Psychosomatik, so nannte es Heinroth damals schon, in der wissenschaftlichen Medizin geben.

Diese Schwierigkeit, die Wirklichkeit hinter dem Schein zu erkennen, ist nicht neu. Schon Sokrates verkündete vor rund 2.400 Jahren: „Es gibt keine von der Seele getrennte Krankheit des Körpers", und Plato, der wohl berühmteste Schüler von Sokrates beklagte: „Das aber ist der größte Fehler bei der Behandlung von Krankheiten, daß es Ärzte für den Körper und Ärzte für die Seele gibt, wo doch beides nicht getrennt werden kann." Es wird jedoch noch immer getrennt gesehen, seit es keine Priesterärzte mehr gibt, die für den ganzen Menschen zuständig waren, oder doch wenigstens den guten alten Hausarzt, der seine Patienten und ihre seelischen Nöte kannte. Statt dessen haben wir Spezialisten für jeden Teilbereich mit den entsprechenden Teilerfolgen.

Wenn wir aber überhaupt dazu bereit sind, die Psychosomatik für möglich zu halten, dann suchen wir nach wissenschaftlichen Beweisen dafür. Ist es nicht Beweis genug, daß wir rot werden, wenn wir verlegen sind, und weinen, wenn wir traurig sind. Wir jubeln vor Freude oder werden blaß vor Schreck. Dann „rutscht uns das Herz in die Hose", und die „Haare stehen uns zu Berge." Was immer unsere Seele erlebt, der Körper macht es nach außen sichtbar. Was immer die Seele bewegt, bewegt auch den Körper, und diese Wirkung kann positiv oder negativ sein, kann uns krank und leidend oder gesund und glücklich machen.

Doch noch immer lehnen viele die Psychosomatik ab, wie der Arzt, der auf einem Kongreß zu seinem Kollegen sagte: „Wann immer ich diesen Quatsch mit der Psychosomatik höre, dreht sich mir der Magen um." Ein typischer Fall von Psychosomatik!!!

Jede Krankheit ist ein Ausdruck des Körpers für ein ungelöstes Problem, macht uns auf eine geistige Fehlhaltung aufmerksam und zeigt uns, daß eine Korrektur im Bewußtsein erforderlich ist. Krankheit ist daher unser Freund und Helfer, der uns schmerzhaft zu Bewußtsein bringt, wenn etwas nicht in Ordnung ist, und durch die „Sprache der Symptome" zeigt er genau, wo es fehlt und was dagegen zu tun ist. Aus dem Wort Heilung können wir erkennen, worauf es wirklich ankommt, nämlich heiler und damit vollkommener zu werden.

Wir sprechen gern von psychosomatischen Erkrankungen, so als ob es möglich wäre, daß nur die Psyche oder nur der Körper erkrankt. Immer sind jedoch beide betroffen, denn der Körper und die Psyche bilden eine Einheit. Der Körper ist der sichtbare Ausdruck meines Bewußtseins. Wir weinen, wenn wir traurig sind, werden rot, wenn wir verlegen, oder zornig sind. Wir bekommen eine Gänsehaut bei einer erregenden Vorstellung, und die Vorstellung einer anstrengenden Tätigkeit läßt unseren Blutdruck steigen, auch wenn wir sie gar nicht ausführen. Eine schlechte Nachricht schlägt uns auf den Magen, eine andere geht uns an die Nieren. Jedes Gefühl, das die Psyche bewegt, findet seinen Ausdruck im Körper. Unser Körper ist die Projektionsfläche unseres Bewußtseins und unserer Psyche und läßt die sonst unsichtbaren Gefühle und Energien, die uns bewegen, sichtbar werden.

So gibt es Gedanken und Vorstellungen, die uns gesund oder krank machen können. Solche mentalen Krankmacher sind:

- Die Vorstellung, daß es unbedingt erforderlich sei, von jedem Menschen in meiner Umgebung akzeptiert und geliebt zu werden.
- Die Meinung, daß es eine Katastrophe sei, wenn sich die Dinge nicht so entwickeln, wie ich es gern hätte.
- Der Glaube, daß die eigene Vergangenheit mein Leben weitgehend bestimmt und ich kaum noch etwas ändern kann.
- Die Vorstellung, daß mache Menschen böse und schlecht seien und dafür bestraft werden müßten, womöglich durch mich.
- Der Glaube, daß menschliches Unglück vom Zufall abhinge und man darauf ja keinen Einfluß habe. Man hat eben Glück oder Pech.

- Der Glaube, daß die Gedanken von selbst kämen und man darauf nun mal keinen Einfluß habe.
- Die Vorstellung, daß man sich ständig Gedanken und Sorgen machen müsse, was alles passieren könne, und ständig damit rechnen müsse, daß es auch tatsächlich eintritt.
- Die Vorstellung, daß man unerwünschte Situationen wie Krankheit eben geduldig ertragen müsse, anstatt sie zu ändern.
- Der Glaube, daß jeder Mensch früher oder später krank werde und man daran nichts ändern könne.

Wenn wir diese oder ähnliche Gedanken in unser Bewußtsein nehmen, sie womöglich dort festhalten und häufig wiederholen, dann wird unser Freund, der Körper, uns diese geistige Fehlhaltung bald als Krankheit schmerzhaft zu Bewußtsein bringen.

Wenn uns gedankliche Vorstellungen aber krank machen können, dann können sie uns ebenso zuverlässig gesunden lassen. Ersetzen Sie daher solche und ähnliche Gedanken durch die Erkenntnis, daß Ihre Körperzellen ein eigenes Bewußtsein haben, das augenblicklich auf Ihre Gedanken reagiert. Ihre gedanklichen Vorstellungen prägen sich ständig jeder einzelnen Zelle Ihres Körpers ein, machen Sie gesund oder krank. Konzentrieren Sie Ihre geistige Schöpferkraft daher auf positive und erwünschte Vorstellungen von Gesundheit, Harmonie und Freude und schenken Sie Ihrem Körper so Gesundheit und Vitalität. Machen Sie es sich zur ständigen Gewohnheit, eventuelle negative Gedanken oder unerwünschte Vorstellungen sofort durch positive zu ersetzen. Denn unser Bewußtsein bestimmt unsere Gesundheit, wir aber bestimmen unser Bewußtsein durch unser Denken.

Es gibt jedoch auch eine Reihe von möglichen Heilungshindernissen:

- Die lähmende Angst vor einer Verschlimmerung, einer weiteren Operation, dem Ergebnis der nächsten Untersuchung, denn gerade damit ziehen wir herbei, was wir befürchten.
- Die Überzeugung, meine Krankheit sei besonders schwierig, vielleicht sogar unheilbar, zumindest aber außergewöhnlich.

- Die Unfähigkeit zu glauben, wieder ganz gesund werden zu können. Aber schon in der Bibel heißt es: „Dir geschehe nach Deinem Glauben.“
- Der Mangel an Disziplin, Konzentration und Ruhe, die Unfähigkeit, wirklich zu entspannen und zu warten. Wir beobachten ständig unseren Körper, richten unser Bewußtsein ständig auf den unerwünschten Zustand und halten ihn so fest.
- Hemmungslosigkeit im Genuß. Wir wollen oder können nicht mehr verzichten. Wir wollen zwar gesund sein, zumindest aber beschwerdefrei, sind aber nicht bereit, auf Genußgifte und falsche Gewohnheiten zu verzichten.
- Unsere geistige Blindheit verhindert, daß wir zu höherer Erkenntnis kommen. Suchet, so werdet ihr finden, heißt es, und klopfet an, so wird euch aufgetan. Es fällt uns aber nicht in den Schoß.

Wir sollten uns immer wieder mit positiven und aufbauenden Gedanken erfüllen. Vor allem dann, wenn wir einen Satz mit: „ICH BIN“ beginnen, darf nur etwas Positives, Aufbauendes folgen, denn was immer wir in Verbindung mit „ICH BIN“ sagen, damit identifizieren wir uns, und das werden wir.

Wir sollten uns nicht nur geistig richtig ernähren, sondern auch physisch. Viele Menschen auf dem geistigen Weg vernachlässigen ihren Körper und mißachten die Naturgesetze. Solange wir aber nicht Wasser in Wein verwandeln, durch Wände und über Wasser gehen können, solange müssen wir schon die Naturgesetze beachten.

Lernen wir daher, im „Tagebuch unseres Körpers“ zu lesen. Lernen wir, die „Sprache des Lebens“ auf allen Ebenen zu verstehen, als:

Die „Sprache unserer Probleme“
Die „Sprache unserer Ängste“
Die „Sprache unserer Abneigungen“
Die „Sprache der Zufälle“
Die „Sprache unserer Fähigkeiten“
Die „Sprache unserer Interessen“
Die „Sprache unserer Gefühle“
Die „Sprache unserer Wünsche“
Die „Sprache unserer Freuden“
Die „Sprache unserer Sehnsucht“
Die „Sprache unserer Lebensziele“
Die „Sprache unseres Erfolges“
Die „Sprache unseres Geschmacks“
Die „Sprache unserer Träume“
Die „Sprache unserer Lebensumstände“

Hören wir immer genauer auf die „Melodie unseres Lebens“, und dann erkennen wir auch rechtzeitig jede Disharmonie sofort, können sie gleich beseitigen und wieder im Einklang sein mit uns und dem Leben.

Botschaften des Lebens

Das Leben schickt mir ständig Botschaften, durch immer neue Botschafter. Alle Briefe, die ich bekomme – Liebesbriefe, Werbung, Mahnungen, Einladungen und Vorladungen sind immer von mir selbst verursacht. Ich kann nur erhalten, was ich „not-wendig" gemacht habe. Ich brauche die Botschaften nur zu erkennen, zu verstehen, sie anzunehmen und zu befolgen, indem ich mein Leben entsprechend ändere.

Allerdings sollte ich stets die Botschaft vom Botschafter trennen und eine Botschaft nicht eventuell ablehnen, weil mir der Botschafter nicht gefällt, sonst verhalte ich mich so, als würde ich eine Geldanweisung nicht annehmen, nur weil der Briefträger keine Krawatte trägt oder mir nicht sympathisch ist. Allerdings sollte ich die Wahrheit und Weisheit nicht der Quelle wegen annehmen, aus der sie stammt, sondern nur, wenn es meine innere Wahrheit anklingen läßt, wenn es in mir deutlich „JA" sagt.

Ich bin der einzige Denker in meinem Universum. Alles, was an mich herangetragen wird, sind Angebote des Lebens an mich, und ich entscheide, ob sie zu mir gehören, ob ich sie annehme oder nicht. Ich nehme nur an, was ich als richtig anerkenne, was wirklich zu mir gehört.

Ich lasse von nun an aber auch nicht mehr die Ausrede gelten: „Ich brauche die Botschaft nicht zu befolgen, weil der Botschafter das ja auch nicht tut." Wenn der andere es nicht vollkommen tut, ist das für mich kein Grund, es auch unvollkommen oder gar nicht zu tun.

So erkenne ich auch immer deutlicher, daß der andere keine Schuld hat, ganz gleich, was „er mir antut", denn er ist ja nur der „Bote des Schicksals", die Ursache dafür liegt bei mir. Alles, was mir unangenehm ist, macht mich nur auf einen Mangel in mir aufmerksam, will mir in Wirklichkeit nur dienen und helfen.

In Wirklichkeit kann mir niemand schaden, kann mich niemand betrügen, denn er betrügt in Wirklichkeit sich selbst. Selbst wenn es ihm scheinbar gelingt, bin ich der Beschenkte, weil das Schicksal die Wirkung ausgleicht oder sogar ins Gegenteil verkehrt. Wie in Goethes Faust die Kraft, die stets das Böse will und doch das Gute schafft.

Verbringe nicht die
Zeit mit der Suche
nach einem Hindernis,
vielleicht ist keines da.

Franz Kafka

Man
darf das Schiff
nicht an einen einzigen Anker
und das Leben
nicht an eine einzige Hoffnung
binden.

Das Glück, kein Reiter wird's erjagen,
es ist nicht dort und ist nicht hier;
lern überwinden, lern entsagen,
und ungeahnt erblüht es dir.

Theodor Fontane

Die Botschaft der Lebensumstände

Sie kennen das alle.

Gelegentlich fühlt man sich ganz wohl und denkt: „So könnte es jetzt bleiben." Die Seele aber interessiert sich nicht für Bequemlichkeit und will weiter, und so schickt sie drei Botschaften:

– Nervosität, Unruhe, Tatendrang.
– Das Leben bietet eine Chance.
– Körperliches Symptom.

Mein EGO und meine SEELE haben recht unterschiedliche Wünsche. Jetzt kommt es darauf an, auf wen ich höre.

Höre ich nicht auf mein Wahres Selbst, verwirkliche ich nicht den inneren Willen, dann verrate ich mein Wahres Selbst, den „Heiler in mir", meinen „Inneren Meister".

In diesem Fall schickt mir der „Innere Meister" eine Botschaft, und er bedient sich dabei der „Sprache der Symptome" und der „Sprache der Lebensumstände". Das Symptom oder der Lebensumstand ist also nur als Wegweiser gedacht.

So lerne ich allmählich, die „Sprache des Lebens" zu verstehen, ziehe die entsprechenden Konsequenzen und lebe immer mehr in Harmonie mit dem Leben, dem „Inneren Sein".

Es ist wie bei den Radio- und Fernsehprogrammen. Sie sind ständig im Raum, aber wir hören und sehen nur das, worauf wir „eingestellt“ sind. Aber alle Programme laufen ständig, auch wenn ich sie nicht wahrnehme.

Im Umgang mit der „Sprache des Lebens“ erkenne ich immer klarer, daß alles, was geschieht, „gleich-gültig“ ist, gleich wichtig und gleich richtig. Es kommt nur darauf an, wie ich damit umgehe. Alles ist nur eine Aufforderung, richtig zu reagieren, und so finde ich immer zu einer „heiteren Gelassenheit“, die durch äußere Umstände nicht mehr gestört werden kann.

Über diese Gelassenheit finde ich allmählich zum „Sinn des Lebens“, denn es ist unsere Aufgabe, als „GOTT“ durch unsere Welt zu gehen. Wenn ich dies ständig im Bewußtsein habe und auch lebe, führt das auf direktem Weg zur Vollkommenheit, zu Erfolg auf allen Ebenen des Seins, zu Gesundheit und Glück.

Die
Welt hat Rätsel,
aber sie hat
ebenso viele Lösungen,
hundertmal schöner als
die Rätsel.

Martin Liechti

Jeder erlebt seine Krankheit anders

Der Materialist erlebt seine Krankheit als sinnlos, deprimierend und seinen Körper als eine Art Spielverderber, mit dem man Glück oder Pech haben kann.

Der Gläubige wird die Krankheit als Folge von Übertretungen religiöser Gebote deuten und um Heilung bitten.

Der Esoteriker wird dazu neigen, die Krankheit als eine Auswirkung von karmischen Gesetzen zu sehen, der Gebildete sieht die Krankheit als eine Folge einer Infektion durch Bakterien oder Viren.

Der geistig reife Mensch aber erkennt die Wirklichkeit hinter dem Schein und Krankheit als eine Wirkung, der eine entsprechende Ursache vorausging. Er weiß, daß es nicht sinnvoll ist, nur die Wirkung, also das Symptom zu beseitigen, sondern daß das Symptom von selbst verschwindet, wenn die Ursache erkannt und beseitigt wurde. Er erkennt und achtet die Gesetze der Natur und weiß, daß dann auch die Natur ihren Teil zur Gesundheit beiträgt. Er weiß, daß weder der Arzt noch das beste Medikament, sondern nur die Heilkraft in ihm selbst heilen kann. Er weiß, daß sein eigenes Bewußtsein das tiefste Wissen über den eigenen Körper hat und fragt gezielt seine Intuition um Rat. Er ist ein mündiger Patient, und der Therapeut ist nur sein Ratgeber, dessen Fachwissen er nutzt, um in eigener Verantwortung seine Entscheidungen zu treffen.

Der Mensch ist ein geistiges Wesen, frei von Geburt, Krankheit, Alter und Tod. Unser sichtbares Geborenwerden, Krank- und Älterwerden und letztlich Sterben hat damit nichts zu tun, weil es nicht unser Wahres Selbst betrifft, sondern nur unseren Körper. Der Bewohner des Körpers ist ein individualisierter Teil des einen Bewußtseins und damit unsterblich. Aber es ist unsere Pflicht, den Körper in einem guten Zustand zu halten, bis wir auch unsere „Geistige Geburt“ vollendet haben. Unser Schöpfungsauftrag lautet, gesund und glücklich in der Fülle zu leben und jung zu bleiben, auch wenn wir alt werden. Dazu müssen wir unser Denken, Fühlen, Reden und Handeln in Einklang bringen mit der Schöpfung.

Der Körper ist immer eine Wirkung, niemals eine Ursache. Auch die sogenannten Alterskrankheiten sind nur Informationen über ungelöste Aufgaben des Lebens. Immer wieder kann man es erleben, daß Menschen, die ein Leben lang krank waren, im Alter plötzlich frei von Krankheit sind, ja geradezu aufblühen. Krankheit und Leid sind nur die Folgen des Mißbrauchs der Freiheit. Wenn der Körper nicht länger ein gebrauchsfähiges Instrument ist, muß ihn die Seele verlassen, gleich, ob die Aufgabe erfüllt ist oder nicht, und sie setzt ihr Dasein auf einer anderen Ebene fort.

Viele Menschen fragen sich, wie ein Gott der Liebe das Leid überhaupt zulassen kann. Sie übersehen dabei, daß Leid weder gottgewollt noch gottgefällig ist. Doch anstatt die Ordnung zu erkennen, glauben sie an Zufall, Glück oder Pech. Die wahre Ursache von Krankheit und Leid ist stets das Denken, bzw. das falsche Denken.

Ein
bescheidenes Ich
zu werden
ist mehr wert,
als ein großer Jemand.

Charles Tschopp

Der Dichter sagt:

Was uns trifft, entspringt dem Denken,
geht aufs Denken stets zurück.
Was uns trifft, quillt aus dem Denken,
Denken regelt das Geschick.
So wir, bösem Denken dienstbar,
Worte oder Taten schufen,
folgt das Leid dem Weltenlaufe,
wie das Rad des Zugtiers Hufen.
So wir, reinem Denken dienstbar,
Worte schaffen oder Taten,
folgt das Glück dem Weltenlaufe,
bleibt uns treu, wie unser Schatten.

Je höher die Wahrheit ist,
von desto höherer Warte
mußt du Ausschau halten,
um sie zu begreifen.

Ich erkenne die Freundschaft daran,
daß sie sich nicht enttäuschen läßt,
und ich erkenne die wahre Liebe daran,
daß sie nicht gekränkt werden kann.

Wahre Liebe verausgabt sich nicht.
Je mehr du gibst,
um so mehr verbleibt dir.

Wie Medikamente heilen

Medikamente sind Energien, die einen Mangel in mir ausgleichen. Der Prozeß der Ganzwerdung beinhaltet immer eine Erkenntnis, die mich ganzer und damit heiler werden läßt. Kommt es nicht zu der „not-wendigen“ Erkenntnis, führt mich die eingesetzte Energie auf den Weg der Erfahrung, und zwar die Erfahrung der Heilung, die meinem derzeitigen Bewußtsein entspricht.

Ganz gleich, auf welcher Ebene ich ein Medikament einnehme, ich werde vom Leben nur mit dem Schritt konfrontiert, der jetzt hilfreich ist, den ich tun kann, der meinem derzeitigen Bewußtsein entspricht. So wie mein Bewußtsein immer „feiner“ wird, so wird auch das benötigte Medikament immer „feinstofflicher“. Nehme ich als geistig Fortgeschrittener ein physisches Medikament, werde ich auf der physischen Ebene mit dem eigentlichen Schritt zur Heilung konfrontiert. So wirkt jedes Medikament auf der Ebene, zu der die verwendete Energie gehört, zwingt mich auf dieser Ebene, den „notwendigen“ Schritt zur Ganzheit zu tun.

So heilt mich das Leben entweder Schritt für Schritt, aber ich kann auch jederzeit einen „Sprung“ tun, um heil zu werden. Die vollkommene Heilung ist die Vollkommenheit, das Ziel der Evolution. Dieses Ziel zu erreichen ist die Bestimmung eines jeden, und er erreicht dieses Ziel entweder auf dem Weg der Erkenntnis oder auf dem Weg der Erfahrung über Krankheit und Leid.

Mit der Einnahme eines Medikamentes signalisiere ich dem Leben meine Bereitschaft, heiler zu werden. Das Leben führt mich dann immer zunächst auf den Weg der Erkenntnis. Erkenne ich aber nicht, oder tue ich aus dieser Erkenntnis heraus nicht die „notwendigen" Schritte, führt mich das Leben auf den Weg der Erfahrung. Es verstärkt eventuell noch meine Symptome, konfrontiert mich dadurch immer klarer, aber auch immer zwingender mit der Aufgabe, bis ich den erforderlichen Schritt getan habe und bereit bin für eine neue Aufgabe, einen weiteren Schritt.

Je weiter fortgeschritten ich bin, desto differenzierter und sorgfältiger muß ich das Medikament, die einzusetzende Energie wählen. Ich kann nicht sagen, dieses Medikament hilft meistens oder hat mir bisher immer geholfen, denn das, was mir bisher immer geholfen hat, kann mir irgendwann nicht mehr helfen, weil es mir, meinem Bewußtsein, nicht mehr entspricht.

Die Form der Heilung entspricht immer meinem derzeitigen Bewußtsein. Verbrenne ich mich an einer heißen Herdplatte, kann die Botschaft lauten, sinnvoller mit der elektrischen Energie umzugehen oder achtsamer zu sein in meinen Handlungen, oder es führt zur Erleuchtung durch die Erkenntnis, daß mich diese hohe Energie noch verletzen kann, weil ich noch nicht in der Höchsten Energie bin. Und es ist immer eine Aufforderung, den jetzt „not-wendigen" Schritt zu tun!!!

Immer wenn ich ein Medikament nehme, sollte ich mir bewußt darüber sein, daß ich damit die Ursache setzte für Heilung.

Heilung aber bedeutet, ganzer zu werden, einen Schritt zu tun, um mehr ich SELBST zu sein.

Somit verstärkt die Einnahme eines Medikamentes die Aufforderung des Lebens an mich, heiler/ganzer/mehr ich SELBST zu sein, d. h. das Symptom verstärkt sich!

Ich werde also vom Leben verstärkt mit dem „not-wendigen" Schritt konfrontiert, den ich JETZT und HIER gehen sollte, um heiler zu werden – und damit mehr ich SELBST.

Es ist ganz gleich-gültig, auf welcher Ebene ich das „Medikament“ nehme – physisch, feinstofflich oder geistig –, es ist immer eine Ursache für Heilung – auf der Ebene verstärkt, auf der ich es einnehme.

Also: Nehmen Sie nie ein Medikament, wenn Sie nicht bereit sind für eine wahre Heilung – nehmen Sie es vor allem nicht, um scheinbar „gesund“ zu werden, denn Sie werden dann auch gesund und heil, aber auf einem anderen Weg, als Sie es sich vorgestellt haben ... über Leid ...

Das wirksamste Medikament aber ist die Liebe – ich SELBST –, es ist das einzige, das wirk-lich wirk-t, – denn es ist die Wirk-lichkeit und die Aufforderung, mehr ich SELBST zu sein, ganzer/heiler zu werden – und damit mehr in der Liebe zu sein, die ICH BIN ...

Nicht Sprüche sind es, woran es fehlt, die Bücher sind voll solcher Sprüchlein. Woran fehlt es also? An solchen, die sie anwenden.

Epiktet

Zündet Lichter an! Jeden Tag, jede Stunde, jeden Augenblick. Selbst das kleinste Flämmchen macht das Dunkel der Welt um einen Schein heller.

Thomas Creighton

Es ist ein verborgenes Lebensgesetz, daß uns zu rechter Stunde der rechte Mensch, das notwendige Erlebnis, das rechte Wort in den Weg geführt wird.

Lulu von Strauß und Tomey

Heilung - heil–heilig

Jede Heilung ist eine geistige Heilung. Es gibt kein Medikament gegen Ärger, Zorn, Neid usw. Hier hilft nur eine Wandlung im Bewußtsein. Heilung bedeutet also, das verkehrte Bewußtsein wieder auszurichten auf die Eine Kraft und die Einheit allen Seins. Heilung ist also immer ein „WACHSEN IM BEWUSSTSEIN".

Dieses „verkehrte" Bewußtsein entsteht vor allem aus Unwissenheit, einem Mangel an Information oder durch Fehlinformation. Das aber zeigt nur, daß ich nicht gesucht habe, denn das Gesetz lautet: „Wer suchet, der findet". Der erste Schritt, die Unwissenheit zu beenden, ist es, sich auf die Suche zu machen.

Doch gilt es nicht nur, Wissen zu erwerben, sondern auch die „geistige Blindheit" zu heilen, die sonst verhindert, daß das Wissen zur Weisheit wird. Die Identifikation mit dem Körper, dem Denken und Fühlen, wodurch die Verbindung zu meinem Wahren Selbst, dem universellen Bewußtsein in mir verlorengeht. Das Ergebnis ist dann das „Ich-Bewußtsein" und damit der Egoismus. Diese Trennung vom Höchsten Bewußtsein hält aber kein „ich" aus, ohne krank zu werden. Aus Egoismus „kränken" wir uns gegenseitig, bis wir wirklich krank geworden sind, ja dieser Egoismus ist die eigentliche Krankheit.

Es geht also nicht nur um die Heilung unseres Körpers, sondern um unser „Seelen-Heil“. Heil bedeutet „ganz und ungeteilt“. In Wahrheit sind wir „In-dividuen“, also ungetrennte Teile des Einen, Höchsten Bewußtseins, und Seelenheil bedeutet daher, wieder im Bewußtsein dieser Einheit zu leben. Das „heilt“ die Seele, indem es den Schmerz der scheinbaren Trennung beseitigt, und damit das Gemüt und letztlich auch den Körper, der ja nur das „Un-heil“ widerspiegelt.

Es geht jedoch nicht nur um das Heilsein meiner Seele, sondern ebenso um die Vereinigung meiner individuellen Seele mit der Weltenseele. Erst wenn auch diese Einheit wiederhergestellt ist, bin ich wirklich geheilt.

Um dieses Seelenheil zu erreichen, ist eine Beseitigung der „Innenwelt-Verschmutzung“ erforderlich und ein Reinhalten der Innenwelt durch regelmäßige Psychohygiene, eine „Gemütswäsche“, in der negative Gedanken, belastende Gefühle, unbeherrschte Triebe und unbedachtes Reden und Tun bereinigt wird, damit sich das Ebenbild Gottes, das „Ich bin“, wieder ungetrübt spiegeln kann, im klaren „Spiegel meiner Seele“.

Doch geht es nicht nur darum, Körper und Seele geistig zu heilen, sondern letztlich um die Heilung im Geist und damit um Heiligung, denn indem ich wieder aus der „Gottesunmittelbarkeit“ heraus handle, heilige ich alles Tun. Doch nicht nur das Tun, das ganze Sein wird dadurch geheiligt. Heilig sein bedeutet nicht mehr, aber auch nicht weniger, als im Bewußtsein der Einheit mit dem Höchsten Bewußtsein aus dieser Einheit heraus zu leben. Nach dem Gesetz der Gnade kann ich in jedem Augenblick meines Lebens den falschen Weg verlassen, die „Sünde“ beenden und „nach Hause“ zurückkehren.

Wir
können der Sonne
nicht entgegeneilen,
auch nicht nachlaufen,
aber wir können sie immer
im Herzen tragen.

Carla Pols

Wie ist Ihr Leben?

Ist Ihr Leben:

Arbeit, Kampf, Pflicht, Verdienen oder Dienen, Chaos, Karma abtragen oder Gnade, Freude oder Strafe, Prüfung oder Chance, ein Selbstfindungsweg oder Verpflichtung, Erkenntnis, Meditation, Gebet, oder einfach Glück?

Wie hätten Sie es denn gern?
Wie wäre es ideal?

Durch Schwere verschwinden Lebendigkeit und Leichtigkeit.
Was aber macht Ihr Leben schwer?

Wenn das Leben ein Spiel ist:
Welches Spiel spiele ich?
Welches Spiel spielt das Leben mit mir?
Welches Spiel spielt mein Partner mit mir? Für mich?
Welche Rolle spiele ich in meinem Leben?
Wer oder was spielt in meinem Leben die Hauptrolle?

Kurzmeditation:

Ich schließe die Augen und sehe jetzt vor mir
das Spiel, nach dem mein Leben abläuft!
Wer oder was mein Leben bestimmt!
Welches Spiel ist es: Ein Partner- oder Mannschaftsspiel?
Bin ich Spieler oder Spielfigur?
Auf welchem Platz spiele ich?
Auf welchem Platz möchte ich gerne spielen?
Was ist der nächste/beste Zug/Schritt?
Ab heute spiele ich ganz bewußt und voller Freude
das „Spiel des Lebens".

Der
Reichtum gleicht
dem Seewasser:
Je mehr man davon trinkt,
desto durstiger wird man.
Arthur Schopenhauer

Von der Einstellung zu materiellen Dingen

Einige Schiffbrüchige stranden an einer Insel.

Es ist spät, und so suchen sie etwas Laub zusammen und machen sich ein Lager. Bevor sie sich zur Ruhe begeben, prüfen sie ihre Vorräte und überdenken ihre Situation und ihr weiteres Verhalten.

Einer von ihnen aber sucht alles Laub zusammen, was er nur finden kann und legt einen riesigen Laubhaufen an.

Er arbeitet fast die ganze Nacht, und tatsächlich hat er den größten Haufen aufgetürmt und alles erreichbare Laub herbeigeholt.

Dann klettert er erschöpft auf seinen Haufen, kann aber gar nicht zur Ruhe kommen, weil der immer wackelt und der Wind die Blätter wegweht. So muß er sich ständig bemühen, alles zusammenzuhalten. Als die anderen am nächsten Morgen frisch aufwachen, ist er todmüde. So ziehen sie weiter und lassen ihre Laubhaufen zurück, die der Wind wieder zerweht.

Theorie und Praxis der Psychohygiene

Die Erkenntnis, daß Psychohygiene zur Erhaltung der seelischen Gesundheit des Menschen ebenso erforderlich ist wie körperliche Hygiene zur Erhaltung der körperlichen Gesundheit, ist nicht neu. Schon zu Anfang dieses Jahrhunderts erschienen einzelne Veröffentlichungen zu diesem Thema, doch blieb das Interesse der Menschen sehr gering, wahrscheinlich, weil es an brauchbaren Hinweisen fehlte, was der einzelne zur Erhaltung und Stabilisierung seiner seelischen Gesundheit tun könne.

Auch die körperliche Hygiene fand ja erst dann eine weite Verbreitung, als konkrete Regeln ins Bewußtsein der Menschen gebracht wurden, wie regelmäßig Händewaschen, Baden und Zähneputzen. Aber auch, sich von Menschen mit einer ansteckenden Krankheit fernzuhalten, um sich nicht infizieren. Das war logisch und einleuchtend, und so konnten die körperlichen Infektionskrankheiten wie Pest, Typhus, Cholera usw. weitgehend überwunden werden.

Aber auch auf geistig-seelischem Gebiet gibt es Infektionskrankheiten und Seuchen, die sich immer mehr ausbreiten, wenn wir nicht durch regelmäßige Psychohygiene, die zur festen Gewohnheit geworden ist, die Voraussetzung für eine wirkliche geistig-seelische Gesundheit schaffen.

Solche geistig-seelischen Infektionen sind: Ärger, Angst, Streß, Sorge, Hast, Schuldgefühle, Aggressionen. Jeder von uns wird immer wieder einmal mit dem einen oder anderen oder gar allem konfrontiert, bis er regelmäßig Psychohygiene betreibt. Dazu gehört vor allem das abendliche „mentale Umerleben", in dem alle infizierenden Energien aufgelöst und ins Gegenteil umerlebt werden, bevor sie Schaden anrichten können. Dazu gehört auch, jeden Menschen so anzunehmen, wie er nun einmal ist, und jedem Wohlwollen, vielleicht sogar Liebe entgegenzubringen.

Nur wenn Psychohygiene zur festen, regelmäßigen Gewohnheit geworden ist, haben diese geistig-seelischen Infektionen keine Chance mehr. Das Ergebnis ist seelische Harmonie und eine unerschütterliche Gelassenheit, mit der wir froh durchs Leben gehen.

Der
schlimmste Weg,
den man wählen kann,
ist der,
keinen zu wählen.

Friedrich II.

WENN DU DEIN LEBEN NICHT SO LEBST
WIE DEINE INNERE STIMME ES DIR EINGIBT,
BEKÄMPFST DU DAS BESTE IN DIR
UND ENDEST GESPALTEN
UND VON DIR SELBST UM DEIN GLÜCK BETROGEN!

WER MEHR GLÜCK ALS VERSTAND HABEN WILL,
DARF SEINEN VERSTAND NICHT SEINEM
GLÜCK IN DEN WEG STELLEN!

Das
Leben kompliziert sich
von selbst derart,
daß am Ende
alles einfach erscheint.

Der Sinn des Lebens

SUCHEN – Sich auf den Weg machen.
Bereit und offen sein zu finden, was da ist.
Sich SELBST „ent-decken“. Alle Suche ist immer die Suche nach sich SELBST.

ACHTSAMKEIT – Gedankendisziplin erlernen und bewahren.

KLARHEIT – Die „Wirklichkeit hinter dem Schein“ erkennen.
Regelmäßig Psychohygiene betreiben.

ERKENNTNIS – Zu sich SELBST erwachen. Erkennen, ich bin einmalig.
Ich bin Schöpfer.
Die „Geistigen Gesetze“ erkennen und befolgen.
Auch die „Botschaften des Lebens“ erkennen und befolgen.
Meinen Seinsauftrag erkennen – meine wahre Bestimmung, meine Aufgabe, meinen Weg und mein Ziel.
Erkennen, mein Platz ist da, wo ich stehe.
Jedes Problem ist ein Geschenk des Lebens an mich.

	Mein Schicksal ist ein Spiegelbild meines „So-Seins“. Ich kann mich jederzeit vom „Rad des Schicksals“ befreien, indem ich meine Eigenwilligkeit loslasse.
ENTWICKLUNG	– Loslassen, was nicht mehr wirklich zu mir gehört. Die Vergangenheit bereinigen (mental umerleben). Vergangenheit ist vorbei und kommt nie mehr wieder.
BEFREIUNG	– Gelassen durchs Leben gehen. Erkennen, Gewinn und Verlust sind „gleich-gültig“.
TRANSFORMATION	– Werden, wie ich gemeint bin. Wege entstehen dadurch, daß man sie geht.
„Ich SELBST“ sein	– Wirklich „MEIN“ Leben leben. Mein Geschenk an die Welt ist: Ich bin der ICH BIN. Mein „Geistiges Erbe“ antreten. Als Beruf meine „Be-RUF-ung“ ausüben. Im Paradies sein heißt, ganz ICH SELBST sein.
BEWUSSTSEIN	– Ganz im HIER und JETZT leben – den Augenblick erfüllen. Erkennen, das Leben ist ein Spiel, das mir zur Freude gespielt wird.
WEISHEIT	– In der Weisheit meines WAHREN SELBST leben. Erkennen, alles ist gut, denn alles will mir nur dienen und helfen.

Im „Buch der Schöpfung“ lesen – zur „Ein-Sicht“ kommen.
Das Leben als Einweihungsweg erleben.

WIRKLICH LEBEN – Die Fülle des Lebens in Besitz nehmen.
Gesund und voller Energie und Freude in der Fülle leben.
Im „Ein-klang“ mit der Schöpfung voller Freude die „Melodie meines Lebens“ spielen.
Aus meinem Leben ein Meisterwerk machen.
Das SELBST ist der Künstler, das Leben das Kunstwerk.
GOTT in mir durch mich leben lassen.

LIEBEN – Als „Botschafter Seiner Liebe“ durchs Leben gehen.
Den Weg sehen, den Weg gehen, selbst zum Weg werden.
GOTT lebt (liebt) in mir und wirkt durch mich, als ich.
Der Welt zum Segen werden.

Weise Lebensführung gelingt keinem
Menschen durch Zufall. Man muß, solange
man lebt, lernen, wie man leben soll.

Seneca

Man muß das Gute tun, damit es in der
Welt sei.

Marie von Ebner-Eschenbach

Was ich mir heute erträume,
kann mir morgen
überraschend geschenkt werden.

So erkenne ich den Sinn meines Lebens

Der Sinn des Lebens ist eine ständige Bewußtseinserweiterung durch die Erkenntnis:

Ich bin unsterbliches Bewußtsein.

Ich bin ein individualisierter Teil des Einen Bewußtseins und von meiner wahren Natur daher seit jeher vollkommen. Mein Seins-Auftrag ist es, die Vollkommenheit meines wahren Seins immer vollkommener zum Ausdruck zu bringen. Ich muß also Vollkommenheit nicht mühsam erlernen, erarbeiten, eratmen oder ermeditieren – ich bin vollkommen. Ich brauche also nur alles Unvollkommene, was nicht zu meinem wahren Wesen gehört, loszulassen. Also muß ich LOSLASSEN lernen.

Loslassen alle Bindungen an meinen Besitz, meinen Körper, die Rolle, die ich hier spiele, Macht, Titel, Anerkennung, ja sogar die lieben Menschen, die ich hier gefunden habe. Das heißt nicht, sie zu verlassen oder meinen Besitz zu verschenken, sondern alles als Leihgabe des Schicksals zu verwalten und es loszulassen, wenn das Leben es zurückfordert.

Ich bin aber auch mit einer bestimmten Absicht in diese Welt gekommen, und ich kann Erfüllung nur finden, wenn ich diese, meine Lebensaufgabe erkenne, annehme und erfülle. Das ist gar nicht so schwierig. Ich brauche nur zu erkennen, welche Fähigkeiten, Kräfte und Neigungen ich mitgebracht habe und auf welchen Platz mich das Leben gestellt hat. Ich erkenne, daß es gleichgültig ist, auf welchem Platz ich stehe, entscheidend ist nur, wie ich ihn ausfülle.

Meine Aufgabe wird auch durch meine Lebensumstände an mich herangetragen und mir nahegebracht. Das Leben schickt mir ständig Lehrer, zeigt mir Wege, mich zu erfüllen, ich brauche nur die Chancen zu erkennen und zu nutzen, dann kann ich meine Aufgabe gar nicht verfehlen. Dann bin ich auf meinem Weg.

Der individuelle Sinn des Lebens ist es, die Aufgabe meines Lebens zu erkennen und zu erfüllen. Zu erkennen, ich selbst bin meine Hauptaufgabe.

In der pränatalen Phase erlebe ich noch einmal die ganze bisherige körperliche Entwicklung durch, und nach der Geburt erlebe ich noch einmal meine ganze geistige Entwicklung. Erst dann ist meine Geburt abgeschlossen und ein Fortschritt wird möglich. Die meisten Menschen sterben allerdings, bevor sie ganz geboren sind, bevor auch die geistige Geburt abgeschlossen ist.

Zum individuellen Sinn des Lebens gehört auch, daß wir lernen, um zu lehren. Der Fortgeschrittene lernt vom Höheren und wird gleichzeitig seinem weniger erwachten Bruder zum Lehrer. So ist jeder stets Schüler und Meister in einem. Wir sollten uns stets bemühen, eine Chance für andere zu sein.

Es ist daher sehr sinnvoll, möglichst lange zu leben, damit die Zeitspanne für den eigentlichen Fortschritt möglichst lang ist, und Achtsamkeit ist erforderlich, damit ich diese Zeit möglichst optimal nutze.

Unser Auftrag ist es, vom Haben über das Sein zu Seinem Willen zu finden.

Vom Instinkt über das Ego zum Wahren Selbst = Gott!

Wer nicht an sich selbst arbeitet, an dem wird gearbeitet, und wer dauernd Unüberhörbares überhört und Unübersehbares übersieht, der darf sich nicht wundern, wenn ihm eines Tages Hören und Sehen vergeht!!!

Ich weiß, daß es meine Pflicht ist, meinem Nächsten zu helfen. Gutes zu tun, Not-wendiges nicht zu unterlassen und Falsches nicht zuzulassen.

Vom Gegeneinander und Durcheinander über das Nebeneinander zum Miteinander kommen!

Den Tod als Krönung des Lebens erkennend, gehe ich gelassen und „gleich-gültig" durchs Leben - JA -

Meine Aufgabe erkennen.

Den Augenblick erfüllen.

Erkenntnisse also wahren Reichtum sammeln.

Selbstverwirklichung.

Hilfe für Mitmensch und Schöpfung sein.

Tod als Krönung des Lebens erkennen.

Das beste Mittel, jeden Tag gut zu beginnen,
ist: Beim Erwachen daran zu denken,
ob man nicht wenigstens einem Menschen
an diesem Tage eine Freude machen könnte.

Friedrich Nietzsche

Verdriesse dich nicht darüber, daß der Rosenstrauch Dornen trägt, sondern freue dich darüber, daß der Dornenstrauch Rosen trägt.

Arabisches Sprichwort

In Seiner Güte schuf Gott das Nützliche,
in Seiner Weisheit das Schöne,
in Seiner Macht das Große.

Basilius der Große

Das Hemd eines Glücklichen

Es war einmal ein mächtiger König, der wurde sehr krank und keiner seiner Ärzte konnte ihm helfen. Da schickte er nach dem Weisesten seines Reiches und fragte ihn: „Was kann ich tun, um wieder gesund zu werden?" und der Weise sagte: „Was dir fehlt, ist das Hemd eines Glücklichen. Trage das Hemd eines Glücklichen, und du wirst wieder ganz gesund."

Der König schickte sofort seine Reiter in sein Land, um ihm das Hemd eines Glücklichen zu bringen. Die Reiter fragten jeden, ob er glücklich sei. Der eine sagte, er sei so arm, daß er nicht glücklich sein könne, der andere sagte: „Ich habe gerade mein Kind verloren, wie kann ich glücklich sein?" Ein anderer meinte, er habe alles, was man sich wünschen könne. Er sei zwar nicht glücklich, aber zufrieden. Und so kehrten die Reiter enttäuscht in den Palast zurück.

Ein Reiter aber fand in dem entferntesten Winkel des Reiches einen armen Mann auf dem Feld bei der Arbeit, und als er ihn fragte, ob er glücklich sei, sagte er: „Ja, ich bin wirklich glücklich!" Da war auch der Reiter sehr glücklich, daß er seinen Auftrag erfolgreich ausführen konnte, und er sagte zu dem armen Mann: „Gib mir dein Hemd für den König." Da sagte der Glückliche: „Aber ich habe gar kein Hemd." Mit dieser Botschaft kehrte der Reiter zu seinem König zurück. Der aber erkannte, daß man Glück nicht haben kann und jeder alles hat, um glücklich zu sein, und er wurde wieder gesund.

Als er wieder ganz gesund war, fragte er den Weisen: „Was kann ich tun, um immer reich zu sein?" Der Weise antwortete: „Du kennst das Geheimnis bereits, trage das Hemd eines Reichen und du wirst immer reich sein."

Wieder schickte der König seine Reiter aus, und diesmal kamen sie mit vollen Händen, denn die Reichen hatten viele Hemden. So trug der König von nun an immer das Hemd eines Reichen und Glücklichen und war gesund und reich bis an sein Ende.

Und wenn auch du immer gesund und reich sein willst, dann trage auch du das HEMD EINES GLÜCKLICHEN UND REICHEN!

„Es gibt sicher viele
Gründe für Scheidungen,
aber der Hauptgrund ist
und bleibt die Hochzeit.“

Wir selbst tragen Verantwortung
für unser Schicksal.
Wir können unser eigener Segen
sein oder unser eigenes Unheil!

Wer den Glauben an sich selbst
bewahrt, verliert auch nicht
den Glauben an die Menschen!

Wahres Selbst-Bewußtsein

Um wirklich selbstbewußt zu leben, müssen wir zunächst einmal unser wirkliches SELBST bewußt erkannt haben. Wir müssen wissen, wer wir wirklich sind, denn wir sind nicht unser Körper, wie die meisten noch immer glauben, wir sind auch nicht der Verstand, das Gemüt, das Unterbewußtsein oder das Ego, sondern wir alle sind Bewußtsein. Bewußtsein aber wird weder geboren, noch kann es altern, krank werden oder sterben. Das sind alles nur Erfahrungen, die den Körper betreffen, nicht aber unser wahres Selbst, unser Bewußtsein. Erst wenn ich das erkannt habe, kann ich im Bewußtsein meines wahren Selbst leben.Unser wahres Selbst ist ein individualisierter Teil des einen, allumfassenden Bewußtseins, das wir Gott nennen.

Alle Weisen sind sich einig, daß der Mensch als Mikrokosmos dem Makrokosmos entspricht. Das bedeutet auch, daß das Außen nur ein Spiegelbild des Innen ist und ich das Außen nur in dem Maße verändern kann, wie ich das Innen ändere. So wird Selbsterkenntnis zur Erkenntnis der Schöpfung und die Erkenntnis des Kosmos zur Selbsterkenntnis. Wir lernen so auch, das Gesetz der Resonanz bewußt einzusetzen, um durch gezielte Veränderungen unseres inneren Seins das äußere Sein nach unseren Wünschen zu verändern.

Doch nur wenige Menschen sind bereit, der Wahrheit ins Gesicht zu sehen, besonders wenn es darum geht, mich selbst zu erkennen. Ohne diese

Bereitschaft aber ist Selbstverwirklichung nicht möglich, denn Selbsterkenntnis ist der erste Schritt zur Selbstverwirklichung. Wer andere erkennt, ist klug, wer sich selbst erkennt, ist weise! Selbsterkenntnis aber, ohne die Konsequenzen daraus zu ziehen, ist Zeitverschwendung, und Zeit ist Leben. Selbsterkenntnis heißt aber nicht, unser EGO oder unsere Persönlichkeit zu erkennen, sondern unser wahres Selbst. Zur wahren Selbsterkenntnis braucht es die Bereitschaft, diese Wirklichkeit anzunehmen – wir müssen zur Ein-Sicht kommen, das Eine hinter Allem erkennen. In dem Maße, wie das geschieht, entsteht wahres Selbst-Bewußtsein.

Mit der Forderung: „Erkenne dich selbst", also dein wahres Selbst, hängt natürlich auch die weitere Forderung zusammen: „Sei du selbst". Sie vergessen dabei, daß man nicht wirklich glücklich sein kann, solange man sich bemüht, wie ein anderer zu sein.

Der zweite wichtige Schritt im Leben ist die Selbst-Beherrschung. Das heißt nicht, etwas zu unterdrücken, sondern die vorhandenen Kräfte und Möglichkeiten zu erkennen und zur richtigen Zeit, im rechten Maß einzusetzen. Selbstbeherrschung heißt, dem wahren Selbst die Herrschaft zu geben, sich nicht mehr bestimmen lassen von eigen-willigen Wünschen, also von seinem EGO.

Damit kommen wir zum dritten Schritt, der Selbst-Verwirklichung. Wir erkennen das Wirken des eigenen Wesens und Werdens und setzen unsere Kraft und Zeit nur noch dafür ein, dieses wahre Selbst zu verwirklichen. Wir verlassen uns dabei auch nicht mehr auf andere, denn wer sich auf andere verläßt, verläßt sich. Also selbst denken, selbst handeln, selbst die richtige Entscheidung treffen, denn Sie tragen auch die Folgen selbst.

Selbsterkenntnis kann uns aber nicht nur bewußt machen, wer wir sind, sondern auch, wer wir werden könnten und in Wahrheit schon immer waren. Wer in der Selbsterkenntnis lebt, kann auch nicht mehr ent-täuscht werden, denn er hat die Täuschung selbst beendet und erkennt die Wirklichkeit hinter dem Schein.

Noch etwas...

...ich nehme an, Sie wissen es ganz tief in Ihrem Herzen schon lange. Sie haben sich bisher selbst betrogen um das, was Leben wirklich heißt. Sie haben sich das vorenthalten, was das Leben erst wirklich lebenswert macht:

Lebensfreude, Energie, Weisheit,
Glück, Erfüllung und Liebe!!!

Falls es Ihnen ein Trost ist: Fast alle Menschen tun das, aber von heute an wird alles ganz anders.

Denn Leben heißt nicht:
Leben, um zu arbeiten und arbeiten, um Geld zu verdienen, sondern Leben heißt Arbeit aus Freude in einem Beruf, der wirklich Berufung ist.

Leben heißt nicht in einer Ehe leben ohne Begeisterung, ein Tag wie der andere, sondern Leben heißt, in einer erfüllenden Partnerschaft zu leben und sich jeden Tag aneinander und aufeinander zu freuen.

Solange es einen Teil des Einen Bewußtseins gibt, den ich als ICH bezeichne, mit dem ich mich identifiziere, solange gibt es auch einen Teil, den ich als Nicht-ICH ansehe. Solange gibt es keine Einheit. So ist unser Evolutionsauftrag, unser Bewußtsein zu erweitern. Das kann letztlich nur dadurch geschehen, daß ich den Zaun, den ich mit dem Ichbewußtsein errichtet habe, auflöse, denn es ist der Zaun, der den einen Teil vom anderen trennt. Der eigenen Entwicklung steht nur eine im Wege, das ICH des Menschen, sein Ego!

Es verhindert auch wahre Liebe, denn Liebe ist ein Stück Unendlichkeit. Die wahre Liebe ist immer Ich-Hingabe und nicht Ich-Behauptung. Ich muß mein ICH lassen, um mein wahres Selbst zu finden. Erst dann kann ich auch wirklich lieben.

Wer seine Grenzen aufgehoben hat, wer sich nicht mehr mit dem Teil des Ganzen identifiziert, der lebt im kosmischen Bewußtsein. Er ist erleuchtet. Er hat sein ICH geopfert und sein wahres Selbst gefunden, und damit hat er Gott gefunden, denn Gott ist alles.

Intuitiv hat der Mensch schon lange etwas von seiner Ganzheit geahnt, von seinem wahren Wissen, seinem Selbst. Ganz tief in uns ist noch die Erinnerung an das Paradies, an den Zustand der Einheit. Doch diese Erinnerung ist schmerzvoll, wir sind nicht eins mit unserem wahren Wesen, und tief in uns streckt die Angst, vielleicht zu sterben, ohne vorher die Ganzheit erkannt zu haben.

Um uns aber ganz erfahren zu können, müssen wir zuvor den Schutt, das Geröll, die Blockaden beseitigen, die uns von unserem inneren Reichtum trennen. Der Weg dahin führt über die Achtsamkeit. Diese Achtsamkeit sah Buddha als das Wichtigste im Leben an, als Tor zur größten Weisheit. Diese Achtsamkeit führt zur größtmöglichen Präsens, zum wirklichen Da-Sein, zum bewußten Sein.

Der Weg dahin aber kann nicht gelehrt werden, man kann den anderen bestenfalls bis an die Schwelle seines inneren Tempels führen. Eintreten muß jeder selbst.

DU BESTIMMST, WER DU BIST!

Jeder bestimmt durch die Öffnung seines Bewußtseins selbst die Stufe, auf der er lebt, gibt sich selbst seinen Wert und genießt soviel Achtung, als er sich selbst erweist.

Die Stimme des Gewissens wäre bestimmt
ein besserer Berater, wenn wir ihr nicht
immer soufflierten, was sie sagen soll.

Jean Anouilh

Man bewältigt Gebirge – und man stolpert
über Steine.

Gertrud von Le Fort

Wir fliegen zum Mond,
greifen nach den Sternen,
aber wir vergessen die Menschen.

Man müßte die Behutsamkeit
eines Engels haben,
um alles im Leben richtig zu machen.

Träumen ist schön – Wachsein ist alles.

Das „Über-Mantra“

Hier nun ein außerordentlich wirksames Experiment, das sofort von Ihnen ausgeführt werden kann. Es ist die Technik des „Übermantra“, einer Mischung aus Coué'scher Formelbildung und indischer Mantratechnik.

Coué war ein französischer Apotheker und fand heraus, daß die Wiederholung der Formel: „Es geht mir von Tag zu Tag in jeder Hinsicht besser und besser“ einen äußerst positiven Einfluß auf die Gesundheit und die seelische Verfassung der Patienten hat. Es wurde eine ca. 20-30malige Wiederholung der Formel angeraten. Die Coué'sche Formelbildung war die Grundlage für die Entwicklung des Autogenen Trainings und der Technik des Positiven Denkens.

Im indischen Yoga wird eine ähnliche Form der Formelbildung benutzt, das sogenannte Mantra-chanten. Der Yogaschüler meditiert hierbei mehrere Stunden des Tages über eine kurze, aussagekräftige Formel, deren Sinn sich ihm mehr und mehr erschließt, und deren Aussage immer mehr zu seinem geistigen Eigentum wird.

Das Übermantra ist nun eine Kombination aus beiden Techniken, die alle Vorteile in sich vereint.

Wählen Sie sich zunächst einen Satz, eine kurze, einprägsame und rhythmische Formel, die Ihnen leicht von den Lippen geht und einen von Ihnen gewünschten Endzustand beschreibt. Solche Formeln können lauten:

„Positives Leben durch positives Denken."
„Die innere Heilkraft heilt mich jetzt."
„Das Glück kommt mit auf Schritt und Tritt."
„Ich bin eins mit dem Leben und völlig gesund!"
„Lernen macht Freude und führt zum Erfolg."
„Ich helfe dir, spricht Gott in mir."
„Jede Zelle meines Körpers ist gesund und stark."

Nehmen Sie sich nun etwa zwanzig Minuten Zeit, und suchen Sie sich einen Ort, an dem Sie in dieser Zeit nicht gestört werden. Wir wollen nun diese Formel nicht nur dreißigmal wiederholen, so wie Coué empfiehlt, wir wollen uns aber auch nicht einen Tag lang damit beschäftigen. Was wir machen wollen ist, diese von uns ausgesuchte Formel für etwa zwanzig Minuten ununterbrochen zu wiederholen, und zwar so schnell hintereinander, daß sich kein anderer Gedanke in unserem Bewußtsein einnisten kann. Für etwa zwanzig Minuten soll jetzt Ihr einziger Gedanke Ihre Formel sein. Die Wiederholungen müssen so schnell sein, daß Sie während dieser Zeit keine Gelegenheit haben, an etwas anderes als Ihren Vorsatz zu denken.

Die Wirkung dieser Methode ist verblüffend. Zum einen werden wir nach zwanzig Minuten feststellen, daß unsere Formel unser gesamtes Bewußtsein ausfüllt. Wir haben in diesen zwanzig Minuten keine andere geistige Ursache als nur das von uns formulierte Ziel gesetzt. Doch Sie werden feststellen, daß auch, jetzt, wo Sie mit der Rezitation aufgehört haben, die Formel in Ihnen weiterklingt, wie ein Lied, eine Melodie, die wir nicht mehr loswerden. Dieser Effekt ist beabsichtigt, weil diese Formel unser Bewußtsein noch lange Zeit in positiver Weise beeinflußt!

Nun werden Sie Ihr Bewußtsein wieder anderen Dingen zuwenden, wenn Ihnen Ihre persönliche Formel auch noch lange im Ohr klingen wird. Doch das Verblüffende ist, daß auch, wenn Sie nach einigen Stunden in sich hineinhorchen, Sie feststellen werden, daß gleich einem Perpetuum mobile Ihre Formel noch immer in Ihnen klingt, wie ein Rad, das Sie einmal in Bewegung gesetzt haben, und das nun sehr lange in Ihnen ausschwingt. Jetzt genügt eine kurze Zeit der erneuten, bewußten Wiederholung, um das „Rad" wieder in Schwung zu bringen, so daß die Formel Ihnen wieder für längere Zeit im Bewußtsein ruht. Wenn Sie dieses Rad von nun an immer in Bewegung halten, werden Sie miterleben, wie Sie und die Umstände Ihres Lebens sich zu Ihren Gunsten zu verändern beginnen. Denn jeder unserer Gedanken ist eine schöpferische Ursache, und eine solche Ballung von Ursachen hat auch eine entsprechende tiefgreifende Wirkung zur Folge!

Weitere Formeln:

Ich bin ein
vollkommener
Ausdruck der
Vollkommenheit
des Seins.

Durchlichtet und
erfüllt von dem
Bewußtsein Seiner
Gegenwart gehe ich
durch den Tag und
erfülle den Augenblick.

Jede Zelle meines Körpers
ist ein Spiegelbild
Seiner Kraft und
Vollkommenheit.

Jede Zelle meines Körpers,
und mein ganzes Sein auf
allen Ebenen ist durchlichtet
und erfüllt von der Vollkommenheit
des Einen Bewußtsein.

Im Bewußtsein Deiner
Gegenwart gehe ich
durch den Tag und
erfülle den Augenblick.

Weisheit und Liebe leiten mich jetzt.

Iß, was gar ist,
trink, was klar ist,
red, was wahr ist.
Martin Luther

Verlache
den kleinen Kern nicht!
Eines Tages wird er
ein Palmbaum sein.
Arabisches Sprichwort

Auch
ein Schritt rückwärts
kann unvorsichtig sein.

Tue, was du tust

Das heißt, ganz da sein, wo mein Körper ist und bewußt in der Gegenwart leben. Das heißt auch:

bewußt essen, wenn du ißt,
bewußt lesen, wenn du liest,
bewußt reden, wenn du sprichst,
bewußt arbeiten, wenn du arbeitest,
bewußt ruhen, wenn du ruhst.

Es ist dabei nicht wichtig, „was" ich tue, denn es gibt keine niederen und höheren Tätigkeiten, sondern es kommt nur darauf an, „wie" ich es tue. Meine Achtsamkeit adelt meine Tätigkeit.

Das kostet auch nicht mehr Zeit. Im Gegenteil, wenn ich etwas bewußt tue, dann ist es auch wirklich getan, und ich kann es loslassen.

Geben Sie doch einmal jemandem bewußt die Hand!
Spüren Sie, was der andere sagt, ohne es auszusprechen?

Legen Sie auch einmal Ihr Bewußtsein in Ihre Hände und erleben Sie mit, was Ihre Hände tun. Den Kuli oder den Telefonhörer in die Hand nehmen, eine Türklinke, einen Brief, ein Glas oder ein Stück Brot. Jede Tätigkeit kann so zu einem bewußten Erlebnis werden.

Übung:

- Ich mache mir zunächst meine Hände bewußt. Ich spüre, wo sie sind, was sie tun, wie sie es tun.

- Ich gehe in ein geistiges Zwiegespräch mit meinen Händen. Ich bitte um Mitarbeit oder um Hilfe bei einer schwierigen Arbeit. Ich empfange ihre Antwort und spreche häufig mit ihnen.

- Ich lasse meine Tätigkeit von meinen Händen ausführen. Ich bin nur Beobachter. Meine Tätigkeit „geschieht" durch mich.

Nehmen wir danach doch einmal unsere Füße bewußt wahr. Bewußt gehen, stehen, im Gleichgewicht sein. Bewußt eine Treppe hinauf- oder hinuntergehen. Wieder einmal barfuß gehen. Beim Autofahren bewußt Gas geben oder kuppeln.

Wenn wir wieder von Kopf bis Fuß bewußt sind, kann die Lebenskraft wieder frei fließen.

Wieder einmal bewußt die Füße mit Vertrauen aufsetzen, schon morgens mit Vertrauen aufstehen und den ganzen Tag voller Vertrauen auf der Erde stehen. In der Schöpfung ruhen – letztlich in Gott, oder wie immer wir die eine Urkraft nennen.

Oder den anderen Pol, unseren Scheitel, bewußt erleben. Uns einmal mit dem Bewußtsein über uns erheben und dann bewußt eine Verbindung herstellen von unserem „erhobenen Bewußtsein" zu unseren Füßen.

Lassen Sie Sicherheit, Vertrauen oder Erkenntnis durch den Scheitel einfließen und durch Ihren Körper strömen bis zu den Füßen, und zwar mit jedem Atemzug – bis Sie, bis jede einzelne Körperzelle davon durchdrungen und erfüllt ist.

Bewußtes Sitzen ist genauso wichtig oder bewußt Geborgenheit im Bett spüren. Sich wirklich einmal bewußt niederlassen. Spüren „ich werde getragen“. Bewußt gehen, stehen und sitzen und im Vertrauen sein ist ständige Arbeit an sich selbst, loslassen des kleinen Ich – geschehen lassen des Lebens durch sich.

Bewußt sitzen beim Frühstück, Haltung
im Auto, am Schreibtisch, im Kino,
beim Fernsehen.
Bewußt Fülle wahrnehmen.

All das führt zu einer neuen Form des „Daseins“. Wir erwachen endlich zu dem, was wirklich leben heißt, indem wir einfach mit ungeteilter Aufmerksamkeit das tun, was wir gerade tun!!! Das ist alles, aber was folgt, ist ein Wunder!!!

Niemand kann das für mich tun, aber tue ich es dann, bin ich auf dem Weg – dem Weg des Bewußtwerdens.

Es gibt Tage,
die uns beschenken,
ohne daß wir es merken.
Im Schweigen
reinigt sich unser Herz.

Wer zu viele Worte verliert,
findet selten die richtige Sprache.

Es ist schön, mit
jemandem schweigen
zu können.

Die drei Affen

IWAZARU enthält sich des Sprechens, besonders dann, wenn sich ein böses Wort auf die Zunge schleichen will, das einen anderen Menschen verletzen könnte.

KIKAZARU enthält sich des Hörens, besonders dann, wenn jemand etwas Negatives, Nachteiliges, Disharmonisches sagt, und wird dadurch hellhörig für das Reine, Gute, Wahre, für die innere Stimme Gottes.

MIZARU enthält sich des Sehens von Bösem, Negativem, Destruktivem und kommt so zur Einsicht in das Gute, Vollkommene, Göttliche im Innersten.

Nicht umsonst heißt es in der Bibel: „Sei still und wisse, daß ich Gott bin“. Und in Jes. 30,15: „Wenn ihr umkehret und stille bliebet, so würde euch geholfen werden“.

„Schweigen ist der Tempel der Weisheit“.

Der Umgang mit Lob und Kritik

Ich erkenne, daß Lob oder Kritik an mir immer nur die Meinung eines anderen darstellt, und die kann richtig oder falsch sein.

Wenn sie richtig ist, dann bin ich dem anderen dankbar, daß er mich darauf aufmerksam gemacht hat und mir so Gelegenheit gibt, an mir zu arbeiten und mein Bewußtsein zu erweitern – mich zu verbessern und Falsches oder Unerwünschtes loszulassen.

Ist es aber falsch, was er mir vorwirft, dann habe ich erst recht keinen Grund, ihm böse zu sein, denn er hat sich einfach nur geirrt, und jeder Mensch hat das Recht, sich zu irren.

Lobt er mich aber, so freue ich mich, daß er eine so gute Meinung von mir hat, aber ich weiß natürlich, daß auch dadurch keine neue Wirklichkeit geschaffen wurde; auch das Lob ist nur die Meinung eines anderen über mich, die ich gelassen hinnehme!

Ob als jemand Lob oder Kritik äußert, ich verhalte mich gleich gelassen und prüfe nur objektiv, ob und welche Konsequenzen ich daraus ziehen will, ziehe diese und lasse die Situation wieder los.

UNTER UNS GESAGT

Wir sind alle geneigt, Kritik übelzunehmen und Lob wie Honig aufzuschlecken, ganz gleich, ob Kritik und Lob gerechtfertigt sind. Wir sind Geschöpfe des Gefühls. Unsere Vernunft gleicht einem Boot, das auf dem tiefen, dunklen, stürmischen Meer unserer Gefühlswelt umhergerieben wird.

Dale Carnegie

SENSIBILITÄT

Sensibilität –
das ist jene
Elastizität,
die Menschlichkeit
ermöglicht.

Selbstmitleid

Die Vergangenheit können wir nicht ändern. Da hilft kein Selbstmitleid. Aber die Zukunft gehört uns. Hier ist noch alles möglich, deshalb sollten wir niemals unsere Kraft durch Selbstmitleid vergeuden. Schließlich haben wir unser Schicksal selbst verursacht, und wir sind die einzigen, die es ändern können, also frisch ans Werk! Wir brauchen unsere ganze Kraft für die bewußte Gestaltung unserer Zukunft.

Selbstmitleid ist auch überflüssig, da ich ja die beklagten Umstände jederzeit ändern kann. Nur dadurch werden sie anders, während Selbstmitleid nichts ändert – ich raube mir nur die Kraft und vertue meine Zeit und belaste meine Gesundheit. Sobald ich auch nur eine Spur von Selbstmitleid bei mir entdecke, erfasse ich es und löse es auf, bevor es mich erfassen kann.

Sich selbst bedauern schwächt, man wird wertlos für die Gesellschaft und sich selbst eine Last, außerdem macht man sich unbeliebt mit seiner destruktiven Haltung. Das führt letztlich zur Depression, in der man sich selbst immerzu bedauert, sich erschöpft und letztlich auch seine Umgebung.

Ändern kann ich das alles durch rechtes Denken. Denken ist Bewegen geistiger Energie. Ich gebe ihr eine Form und lasse sie so sichtbar werden. Alles was ist, wurde erdacht, und dieses Gesetz wirkt im Kleinen wie im Großen.

Positiv zu denken ist der erste Schritt, um positiv zu werden. Der Duden erklärt „positiv“ wie folgt: Bejahend, vorteilhaft, günstig, ein Ergebnis bringend, gut, sicher, tatsächlich, wirksam. „To be positive about something“ heißt, seiner Sache ganz sicher zu sein, und das ist positives Denken wirklich. Das Erkennen der Kraft seiner Gedanken und diese Kraft einzusetzen, um seine Ziele sicher zu erreichen. Positiv denken heißt also, das richtige Denken erkennen und daran bewußt und beharrlich bis zum Erfolgt festhalten.

Dazu gehört auch, NEIN sagen zu lernen – gegenüber einer Autorität, einer unerwünschten Rolle, in die man uns drängen möchte, oder auch gegenüber den eigenen Wünschen, wenn sie uns von unserem Ziel abbringen.

NEIN zu sagen bedeutet in Wirklichkeit JA zur eigenen Identität zu sagen. So wird das NEIN auf der einen Ebene zum JA auf der anderen.

Wenn wir erkannt haben, was wir eigentlich wollen, sollten wir auch den Mut haben, dafür ganz einzustehen. Den Mut, die Wahrheit zu erkennen und notfalls auch zu verlieren. Den Mut, uns zu binden und auch zu trennen. „Wer nicht wagt, der nicht gewinnt“.

Doch zum Mut sollte auch noch die Ausdauer kommen. Erst wenn wir uns nicht mehr beirren lassen und beharrlich dem Ziel zustreben, dabei mit beiden Beinen auf dem Boden bleiben, wird unser positives Denken die entsprechenden Früchte tragen. Und wenn wir die entsprechenden Qualitäten noch nicht haben, können wir sie uns ebenfalls durch gezieltes Denken aneignen.

Sie erreichen, was Sie wollen, wenn Sie ohne Selbstmitleid positiv mutig und beharrlich ans Werk gehen, doch es genügt nicht, einmal Mut zu haben, denn kaum ist ein Problem gelöst, zeigt sich ein neues. Positiv sein heißt vor allem, durchzuhalten. Echtes positives Denken kann durch nichts erschüttert werden. Nicht das Beginnen wird belohnt, sondern stets nur das Durchhalten, und jeder falsche Gedanke kann als Auslöser genutzt werden, um ganz bewußt die richtigen Gedanken ins Bewußtsein zu nehmen und sie dort zu behalten.

Nicht
der ist arm, der sich keinen
Jugendtraum erfüllt hat,
sondern der, der schon
in der Kindheit
nichts träumte.

Adolf Nowaczynski

Die Krise als Chance

Der Mensch braucht Ziele, die er durch eigenen Willen, aus eigener Kraft erreichen kann. Wer von der Gesellschaft erwartet, daß sie ihn ins Ziel trägt, läßt seine eigenen geistigen Kräfte verkümmern.

Die Geschichte lehrt es, Großes entsteht meist aus Schwierigkeiten. In Zeiten des Überflusses verkümmert das Kreative, das Schöpferische, ja sogar das Gute im Menschen und damit in der Gesellschaft. Den Menschen schadet es, wenn es ihnen längere Zeit gut geht.

Auch auf die Arbeit schimpft man nur so lange, bis man keine mehr hat. Auch die Autoindustrie hat erst unter dem Druck der Ölländer einen großen Innovationsschub erlebt. Man bekommt eben auch seine Zukunftsperspektiven nicht geschenkt. In der Zukunft findet man nur vor, was man jetzt, in der Gegenwart verursacht!!!

Somit ist die Krise keine dumpfe Notzeit, die es irgendwie zu überstehen gilt, sondern eine Herausforderung an alle kreativen Kräfte des Menschen. Erkennen wir

die „Krise als Chance“.

Ob ich glücklich bin?
Ich weiß es nicht, aber ich hoffe es.
Vielleicht kann man glücklich sein,
wenn man glücklich sein will;
und ich habe einmal gelesen,
man könnte das Glück auch lernen.

Theodor Fontane

Es kann über Nacht sein,
daß eine Blume dir blüht,
um die du dich lange
umsonst gemüht.

Wo
einmal Licht begonnen hat,
ist nur die Möglichkeit,
daß es zunehme.

Probleme lösen

Das Problem ist der Motor der Evolution, denn wir lernen vor allem durch eine Aufgabe, die uns fordert. Nicht umsonst heißt es: „Was dich fordert, fördert dich.“

Leben	heißt	lernen
Lernen	heißt	Probleme lösen
Viele Probleme	sind	viele Lernmöglichkeiten oder „Not-wendigkeiten“ oder große Kapazitäten
Meine Probleme	sind	meine Auf-gaben
Beste Zeit	ist	jetzt (optimaler Zeitpunkt)
Löse ich meine Aufgaben jetzt nicht,	ist	optimaler Zeitpunkt verpaßt
Will ich mich drücken, das Problem umgehen, abwarten,	sind	immer mehr Probleme immer schwieriger zu lösen.

Habe ich den optimalen Zeitpunkt verpaßt,	heißt	Wiederholung unter ungünstigeren Umständen.
Habe ich meine Lebensaufgabe in diesem Leben nicht erfüllt,	heißt	Wiederholung im nächsten Leben unter ungünstigeren Bedingungen oder Behinderungen

Habe ich ein Problem, bedeutet das stets die Nichtakzeptanz einer Realität. Es enthält ein Nichtkonfrontieren, eine Erwartung oder Befürchtung, einen bestimmten Anspruch oder eine Vorstellung, die nicht mit der Realität übereinstimmt. Also sollte ich mich fragen, wenn ich ein Problem habe:

- Womit will ich mich nicht konfrontieren?
- Wo erwarte oder befürchte ich etwas?
- Welchen Anspruch habe ich an das Leben?
- Wo habe ich feste Vorstellungen, wie das Leben zu sein hat?

Jedes sogenannte „Problem" ist eine Auf-Gabe, die das Leben mir jetzt stellt, und daher ist jedes Problem auch jetzt von mir zu lösen. Jedes Problem ist ein „Maßanzug" für mich, und ich habe jetzt alle Fähigkeiten und Kräfte, die ich zu seiner Lösung brauche.

Entwickeln kann man sich immer nur auf ein Ziel hin.

Das Schicksal zwingt uns also zum Erfolg. Der kürzeste Weg zum Erfolg ist es, sich die Erfahrungen und Erkenntnisse erfolgreicher und weiser Menschen anzueignen und sie in das Leben individuell und maßgerecht einzubauen.

Nun gibt es Menschen, die bereit sind, alles zu tun, um weiterzukommen – außer dafür zu arbeiten!!!

Erfolg ist aber kein Geschenk, Erfolg muß geschaffen werden. Auch der günstigste Zufall fällt immer nur dem zu, der das Gesetz von Ursache und Wirkung befolgt hat. Erfolg ist das, was erfolgt, wenn wir richtig denken und handeln. Und wer im Leben keinen Erfolg hat, braucht sich deswegen nicht gleich für einen Idealisten zu halten.

Wir sollten Gottes Segen für unsere Arbeit erbitten, aber wir sollten nicht erwarten, daß er die Arbeit auch noch tut.

Wer vorwärts stürmt, der muß allerdings auch Rückschläge und Mißerfolge in Kauf nehmen. Worauf es ankommt ist, was er aus den Hindernissen macht, ob er sich durch sie aufhalten läßt, oder ob er sie als Sprungbrett zu neuen Erfolgen nutzt. Für den Erfolgreichen sind Mißerfolge immer nur Zwischenergebnisse auf dem Weg zum Erfolg. Eine Chance, beim nächsten Anlauf besser und klüger anzufangen und mit dieser Einstellung um so sicherer Erfolg zu haben – mehr noch, selbst ein erfolgreicher Ausdruck des Lebens zu sein, selbst zum Erfolg zu werden.

In unserem Bewußtsein kann immer nur ein Gedanke gleichzeitig sein. Das ist eine Begrenzung, aber auch eine wunderbare Chance, wenn Sie dafür sorgen, daß es stets auch der richtige Gedanke ist.

Ich erkenne meinen Weg auch durch meine Probleme, denn diese sind nur Aufgaben, die das Leben mir stellt, und der beste Zeitpunkt, diese Aufgabe zu lösen, ist JETZT!!!

Auch meine Wünsche und Neigungen zeigen mir meine Aufgabe und meinen Weg, vor allem aber meine

Intuition.

Sie ist der „Meister im Inneren", die innere Führung, die mich sicher leitet, wenn ich auf sie höre. Sie führt mich sicher über den Instinkt und das Ego zu meinem wahren Selbst und damit zu Gott.

Sollte ich dabei vom Wege abkommen, so bekomme ich sofort Nachhilfeunterricht vom Schicksal durch die beiden Lehrer

Krankheit und Leid.

Das Schicksal ist der beste Therapeut, es heilt letztlich jeden, und jeder kann selbst bestimmen, auf welchem Weg er lernen will. Auf dem königlichen Weg der Erkenntnis oder auf dem üblichen Weg durch das Leid, die schmerzhafte Erfahrung!!!

Dabei helfen mir auch die „Sprache der Organe“ und die „Sprache der Symptome“, über die mir mein Körper die Botschaft gibt, daß ich aus der Ordnung gefallen bin, und vor allem, wo ich aus der Ordnung gefallen bin, und damit auch, was zu tun ist, um die Harmonie wiederherzustellen.

Meine Lebensumstände sind also nur ein Spiegelbild meines Seins, und ich kann sie nur ändern, indem ich mich ändere. Nicht umsonst heißt es:

„Wer nicht an sich selbst arbeitet,
an dem wird gearbeitet“.

Das Leben ist eine
Herausforderung –
Begegne ihr!
Sai Baba

Es ist die Hauptaufgabe
jedes Menschen,
über das innere Selbst
nachzudenken!
Sai Baba

Das höchste Glück des Lebens
ist die Gewißheit,
daß wir geliebt werden.
Victor Hugo

Wer in „seinem“ Herzen daheim ist,
dem erscheinen alle Orte auf der
Erde gleich gut.
Hermann Stehr

Machen Sie eine Selbsterfahrungsgruppe
mit einer Person: Mit sich SELBST!

Erfinden Sie sich neu!!!

Erstellen Sie eine gründliche Analyse
Ihrer derzeitigen Situation.

Klären Sie genau, wo Sie jetzt stehen,
was Ihre Schwächen sind, und definieren
Sie Ihr Problem genau.

Machen Sie sich auch Ihre Stärken bewußt,
erkennen Sie, über welches geistige
Kapital Sie verfügen.

Organisieren Sie sich selbst. Was zählt,
sind Ihre Fähigkeiten und nicht Ihre
Unfähigkeiten.

Lösen Sie Hemmungen, Ängste oder
Schuldgefühle auf.
Brechen Sie unfruchtbare Beziehungen ab!!!

Entdecken Sie Ihr IDEAL-ICH,
Ihr wahres Selbst.

Spielen Sie in Ihrem Leben wieder
die Hauptrolle!!!

Hoffnungen
gleichen den Wolken:
einige ziehen vorüber
andere geben Regen.
Abdul ala Maharry

Fit fürs Leben

Wer ein Leben lang fit bleiben will, kann gar nicht früh genug damit anfangen; aber viele wissen nicht, was sie für sich tun können. Dabei denkt der Mensch meist viel zu kompliziert. Das Beste ist meist ganz einfach.

Würden die Übergewichtigen weniger essen, die Trinker weniger trinken, die Raucher aufhören zu rauchen und die Faulen sich ein bißchen mehr bewegen und alle richtig atmen, wir könnten mehr Leben retten und Krankheiten beseitigen als mit all den teuren Verfahren der heutigen Medizin.

Beginnen wir mit dem Naheliegensten, der Ernährung. Wir unterscheiden dabei drei Ebenen:

1) Die richtige physische Ernährung.
Nicht mehr das Falsche zur falschen Zeit im falschen Bewußtsein essen, denn „das Gericht, das wir essen, wird uns zum GERICHT!!!

2) Die richtige psychische Ernährung.
Nicht mehr ärgern, aufregen, in Streß geraten, Angst und Schuldgefühle haben, uns nicht mehr gegenseitig „kränken“, sondern heiter und gelassen durchs Leben geben.

3) Die richtige geistige Ernährung.
Worauf ich meine Aufmerksamkeit richte, zu dem werde ich. Also wirklich positiv denken, reden und handeln. Aber auch das Richtige lesen, anhören und anschauen. Mit einem Wort:

Im wahren „Selbst-Bewußt-Sein“ leben!!!

Gesund werden und bleiben – jung und vital sein

Wie man das Leben um 20 vitale Jahre verlängert

Das Beste aus:
Ernährungswissenschaft und Überlieferung der Indianer und Naturvölker,
der Lebenserwartungsstatistik und Hunalehre,
der Makrobiotik, vegetarischen Lebensweise und Biodynamik,
der Psychologie, Philosophie, Esoterik und Religion!

Physisches äußeres Verhalten:

Mäßig, aber regelmäßig, bewußt und in Ruhe lebendige Vollwertkost essen und gründlich kauen.

Viel reifes Obst und Früchte, Rohkost (Salat und Gemüse). Wenig, besser gar kein Fleisch essen – niemals Schweinefleisch.

Trennkost beachten – Kohlehydrate und Eiweiß möglichst nicht gleichzeitig, Ergänzungsernährung durch Vitamine und Mineralstoffe.

Säurefrei (basisch pH 7,5) ernähren.
Gesundes Fasten: jede Woche einen Tag - jedes Jahr zweimal eine Woche.

Nicht nach 18 Uhr essen.
Genügend trinken, aber nicht während des Essens.
Wenig, möglichst keinen Alkohol, Kaffee, Tee, Orangensaft.

Nur „Gesegnetes“ essen und Reines trinken.
Idealgewicht halten durch gesunde Ernährungsweise und Mental-Training. Täglich für natürlichen Stuhlgang sorgen.

Für genügend Bewegung und aufrechte Haltung sorgen.
Bewußt richtig atmen – Gesundheit und Vitalität einatmen.

Einmal täglich schwitzen – viel frische Luft und Sonne.
Den Körper rein halten – nicht rauchen.

Täglich sieben bis acht Stunden schlafen – vor Mitternacht beginnen.
Regelmäßig Mittagschläfchen halten.

Möglichst in ländlicher Umgebung leben und sich natürlich kleiden.
Auf „geistigen Stoffwechsel“ achten – bewußte Transformation.

Geistiges Verhalten - Jungbrunnen: Richtige Lebensphilosophie:

Seine wahre Berufung als Beruf ausüben.
Erfolg-reich sein auf allen Ebenen des Seins.

Geistig beweglich und gelassen sein und bleiben.
Bereit sein, sich zu verändern, zu „entwickeln“ und „entfalten“.

Ärgern verlernen – richtige Entspannung und Erholung erlernen.
Keinen Streß zulassen – sich auch geistig richtig ernähren.

Täglich Psychohygiene – loslassen, was nicht mehr zu mir gehört.
Schuldgefühle auflösen – Vergangenheit bereinigen.

Wirklich positiv denken und handeln – Humor bewahren – Optimist sein.
Alle Probleme als Aufgaben des Lebens erkennen, annehmen und gleich richtig lösen. Den Augenblick erfüllen.
„Selbst"-bewußt sein – erkennen, mein Wahres Selbst ist jung, gesund und unsterblich. Ich werde immer sein.

Aufgabe und Sinn seines Lebens erkennen und ein sinnerfülltes und glückliches Leben leben.

Seelisches Verhalten - Erfüllung finden:

Angst erkennen und auflösen und durch Geborgenheit ersetzen.
Lebendig und spontan sein – gern und bewußt, mit Freude leben.

Lachen, sich freuen und glücklich sein.
JA sagen zu sich und dem Leben.

Das Leben und die Menschen lieben – wer liebt, lebt gesünder.
Dankbar sein und das Leben als Geschenk erkennen.

Sich regelmäßig mit Freude Zeit für Meditation und Gebet nehmen.
Denken, Fühlen, Reden und Handeln stets ausrichten auf Gott.

WER ALLE PUNKTE 100 JAHRE LANG BEACHTET, WIRD ALT, BLEIBT GESUND UN HAT EINE TRAUMFIGUR!!

Wie man alt wird!

Ein Reporter interviewte drei sehr alte Männer und befragte sie nach dem Geheimnis ihres Altwerdens.

Der erste sagte: „Ich habe stets hart gearbeitet und jeden Tag in Ruhe ein Pfeifchen geraucht."

„Und wie alt sind Sie?" fragte der Reporter.

„Ich bin 98!"

Der zweite sagte: „Ich habe immer mäßig gegessen und regelmäßig Sport getrieben, bis heute."

„Und wie alt sind Sie?"fragte der Reporter.

„Ich bin 99!"

Der dritte sagte: „Ich bin Kettenraucher und habe noch nie Sport getrieben – ich hasse Bewegung und alle Gesundheitsregeln."

„Und wie alt sind Sie?" fragte der Reporter.

„Ich bin 46!!!"

Denke in schönen Stunden nie an ihre
Vergänglichkeit – dazu sind die schlechten da!

Winston Churchill sagte einmal zu mir, es sei uns zivilisierten Menschen zwar gelungen, das Raubtier in uns auszuschalten, nicht jedoch den Esel.

Der Mensch kann auf die höchsten Gipfel steigen – aber er kann nicht lange dort verweilen.

Essen als „Einweihungsweg“, als Weg zur Bewußtseinserweiterung

Die meisten Menschen haben eine negative Einstellung zum Essen. Sie befürchten bewußt oder unbewußt, daß das, was sie essen, sie dick oder krank macht oder zumindest ungesund ist, und doch essen sie weiter genau das. Das löst natürlich innere Konflikte aus, und weil sie das glauben, verursacht die Nahrung genau das, was sie befürchten, Übergewicht und Krankheit.

Viele Menschen sind beim Essen sehr unbewußt. Sie denken an dies und das, reden über alles mögliche, sind mit ihrem Bewußtsein überall, nur nicht bei dem, was sie gerade tun. Dabei ist Essen ein geradezu wunderbarer Vorgang. Materie verschiedenster Art wird in Energie umgewandelt, die uns am Leben hält. Zu diesem Ritual gehörte früher auch, das Brot zu brechen. Das heißt, sein Brot mit jemandem zu teilen, als Symbol dafür, daß wir alles miteinander teilen können. Das Essen, unsere Zeit, unseren Glauben, das Schicksal, den Augenblick, den Weg und das Ziel, unser ganzes Leben können wir mit jemandem teilen.

Aber auch, was wir beim Essen denken und fühlen gehört zu dem wunderbaren Vorgang der Transformation, denn worauf ich mein Bewußtsein richte, das esse ich. Ich kann Harmonie essen oder Gesundheit, Licht oder Erkenntnis. Wenn ich glaube, daß mir etwas schadet, dann wird es mir schaden. Nicht weil es wirklich schädlich ist, sondern weil ich es glaube.

So sollten wir uns beim Essen bewußt machen, daß die Nahrung jetzt in Lebensenergie umgewandelt wird, die mich stärkt und mir einen gesunden Körper schafft. Wir sollten uns bewußt machen, daß unser Körper alles aufnimmt, was er braucht, und mühelos alles ausscheidet, was er nicht braucht, so daß uns das Essen gesund, stark und schön macht. Vor jeder Mahlzeit sollten wir alles segnen und fortan nur noch „Gesegnetes" essen und trinken. Und nicht vergessen zu danken, dem Bauern, der Köchin und Gott.

Seien wir uns beim Essen also von nun an bewußt, daß wir dabei ein Wunder erleben, indem wir Materie in Energie einer höheren Schwingung umwandeln und so allmählich die Materie transformieren. Achten wir auch darauf, daß wir uns auch geistig rein ernähren.

Liebe
besteht nicht darin,
daß man einander ansieht,
sondern daß man gemeinsam
in die gleiche Richtung blickt.
Antoine de Saint-Exupéry

Wirklichkeit geschehen lassen...
(zulassen, aber auch loslassen oder lassen)

Es gibt Augenblicke im Leben, in denen man vollkommen glücklich ist. Eins mit sich und der Welt und in Harmonie mit dem Leben. Diese Augenblicke sind so schön, daß man am liebsten die Zeit anhalten möchte, um in diesem Glück zu bleiben, und doch können wir diesen kostbaren Augenblick nicht halten, und ehe wir uns versehen, ist er vorbei, und was uns bleibt, ist die Erinnerung.

Wenn wir uns genau erinnern, erkennen wir, daß jeder dieser Augenblicke einen anderen Aspekt hatte. Einmal war es die Stille, ein anderes Mal absolute Harmonie oder gar allumfassende Liebe.

Gemeinsam haben diese glücklichen Augenblicke nur, daß wir von einer bestimmten Energie GANZ erfüllt waren. Wir waren eins mit dieser Energie, und dieses Eins-sein, „Heil“-sein, war es, was uns so glücklich machte.

Ich habe in der Meditation einen Weg gefunden, jederzeit in dieses Einssein zurückkehren zu können. Einen Weg, der so einfach ist, daß ich es kaum wage, ihn WEG zu nennen, und doch kann ihn jeder jederzeit gehen und erreicht das Ziel –

und die Zeit steht still.

Es wurde mir bewußt, daß uns alle Energien, die wir zum vollkommenen Ausdruck unseres Lebens brauchen, jetzt und hier zur freien Verfügung stehen.

Gesundheit, Freiheit, Kraft, Bewußtsein, Gelassenheit, Liebe, Schlankheit, Erkenntnis, Führung, Fülle, Geduld, Toleranz, Harmonie der Seele, Reinheit des Seins, Psychohygiene, Klarheit des Denkens usw.

So lasse ich das, was ich jetzt brauche, jetzt geschehen. Ich öffne mich der benötigten oder erwünschten Energie und lasse sie geschehen. Ich spüre deutlich, wie es sofort in mir wirkt und richte und halte mein Bewußtsein so lange darauf, bis es geschehen ist und die Wirkung zur Ruhe kommt (drei bis dreißig Minuten.)

Ich kann sofort danach eine andere Energie geschehen lassen und auch beliebig oft unterbrechen oder wiederholt geschehen lassen. Immer beginnt es sofort zu wirken. Es ist wie ein langsames Fließen, bis der Körper und das ganze Sein davon erfüllt sind.

Es ist sein Wille, daß ich die Fülle habe JETZT UND HIER. Ich brauche es nur geschehen zu lassen.

Und so geschieht es:

- Ich mache mir bewußt, wer ich wirklich bin; daß ich ein individualisierter Teil des Einen Bewußtseins bin, das die Kraft in Tätigkeit setzt und daß es SEINE Kraft ist, die wirkt. Und ich richte mein Bewußtsein darauf, wohin die Kraft wirken soll, aber nicht, wie sie wirken soll.

- Ich nehme in meinem Inneren den Lotos-Sitz ein oder eine andere meditative Haltung, auch wenn ich sie im Außen nicht beherrsche, eine Haltung innerer Gelassenheit.

- Ich lasse es geschehen und spüre, wie es sofort zu wirken beginnt. Ich wiederhole ab und zu, was geschieht, um es klar im Bewußtsein zu halten, und warte, bis die Wirkung von selbst endet, bis innen alles wieder ruhig und still ist. Ich mache mir diese Stille noch einen Augenblick bewußt und lasse dann die Sache los, bleibe aber in der Wirkung, die ich jederzeit durch Wiederholen verstärken kann.

Liebe ist das einzige,
was wächst, wenn wir
es verschwenden.
Ricarda Huch

HERR, laß mich sein wie die Erde ist!

Von Anbeginn der Zeit ist alles gestorben und zu Erde geworden, und doch ist die Erde die Mutter allen Lebens.

Die Erde fragt nicht, ob der Sämann gerecht oder ungerecht ist. Sie nimmt an, gibt Kraft, läßt gedeihen und wachsen.

Laß mich sein wie die Erde ist – laß mich wie die Erde annehmen, wenn man mir gibt, und tausendfach zurückgeben, was ich bekommen habe.

Die Erde ist verwandelbar. Sie ändert sich Stunde um Stunde, Tag um Tag, und doch bleibt sie stets gleich.

Die Einsamkeit der Wüste und der Berge schafft Abstand zu den lärmenden und glitzernden Dingen unserer Welt und gibt Klarheit und Ruhe.

HERR, laß mich sein wie die Erde ist, klar und ruhig. Laß mich verwandelbar sein wie die Erde.

Laß mich sein!

HERR, laß mich sein wie die Luft!

Laß mich so wie die Luft eine tragende Kraft sein – die Kraft, die die Mücke so sicher trägt wie den Adler.

Ohne Mühe erreicht sie den höchsten Berggipfel, bewegt die Zweige einer Linde als Abendwind oder verwandelt als Sturm die Erde.

Und immer bleibt sie unsichtbar und vollbringt doch stets ihr Werk.

Die Luft gibt ohne Preis und versagt nie, ist niemals erschöpft und füllt jede Leere aus.

Luft ist der Atem des Lebens, denn ohne sie ist kein Leben möglich.

HERR, laß mich sein wie die Luft, die Luft, die durch nichts begrenzt ist.

Laß mich überall sein, wo ich gebraucht werde, und mein Werk tun, ohne auf Dank zu achten.

HERR, laß mich sein wie das Wasser!

Wasser ist völlig widerstandslos und überwindet doch den stärksten Widerstand.

Wie immer die Gestalt eines Gefäßes auch sein mag, das Wasser paßt sich dieser Form an. Und doch formt nichts anderes so intensiv wie das Wasser. Denn es war das Wasser, das den Kontinenten die Form gab.

Wasser arbeitet, aber es strengt sich niemals an. Es kann eine Mühle antreiben oder eine Stadt erleuchten, aber es wird niemals müde.

Wasser ist farblos, aber was ist ein Regenbogen anderes als Wasser.

Wasser ist geschmacklos, aber ohne Wasser würde nichts schmecken.

Wasser lehrt uns Demut, denn es sammelt sich stets am niedrigsten Punkt, und doch beugt sich selbst der Mächtigste zu ihm herab, um zu trinken.

HERR, laß mich sein wie das Wasser.
So formbar und so formend – und so demütig.

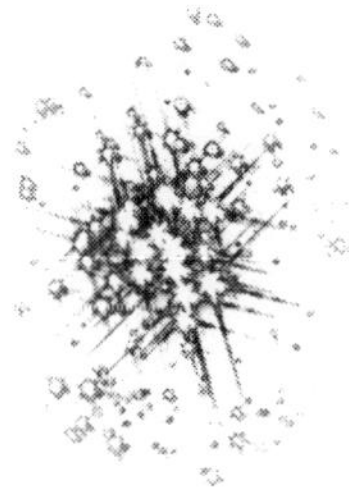

HERR, laß mich sein wie das Feuer!

Feuer verwandelt alles, was es berührt.

Laß mich wie das läuternde Feuer alles Unreine in mir verbrennen, damit das Reine hervorscheinen kann.

Das Licht meines Denkens soll leuchten wie Feuer, die Liebe meines Herzens strahlen wie Feuer.

Laß in mir das ewige Feuer der Liebe brennen, laß alles, was ich berühre, in Liebe brennen.

Laß mich mein Herz und die Herzen der anderen entzünden mit dem Feuer der Liebe.

Laß dieses Feuer immer weiter um sich greifen und die Welt entzünden, bis das Feuer der Liebe die Welt erleuchtet.

HERR, laß mich sein wie das Feuer.

Laß in mir ewig den Wunsch brennen, zu Dir zu finden.

Laß mich leuchten im Feuer der Liebe, das alles entzündet und alles verwandelt, in Liebe!

DAS HOHE LIED DER LIEBE

Auszug aus einem Seminar von Dr. Dina Rees

Pflicht ohne Liebe macht verdrießlich.
Verantwortung ohne Liebe macht rücksichtslos.
Gerechtigkeit ohne Liebe macht hart.
Wahrheit ohne Liebe macht kritisch.

Erziehung ohne Liebe macht widerspruchsvoll.
Klugheit ohne Liebe macht gerissen.
Freundlichkeit ohne Liebe macht heuchlerisch.
Sachkenntnis ohne Liebe macht rechthaberisch.

Macht ohne Liebe macht gewalttätig.
Ehre ohne Liebe macht hochmütig.
Besitz ohne Liebe macht geizig.
Glaube ohne Liebe macht fanatisch.

Mit Liebe erfüllte Pflicht macht glücklich.
Mit Liebe getragene Verantwortung macht rücksichtsvoll.
Mit Liebe geübte Gerechtigkeit macht sanftmütig.
Mit Liebe vertretene Wahrheit macht wohlwollend.

Mit Liebe durchgeführte Erziehung macht harmonisch.
Mit Liebe angewandte Klugheit macht arglos.
Mit Liebe geäußerte Freundlichkeit macht wahrhaftig.
Mit Liebe angewandte Sachkenntnis macht nachgiebig.

Mit Liebe ausgeübte Macht macht gewaltlos.
Mit Liebe getragene Ehre macht demütig.
Mit Liebe verwalteter Besitz macht freigiebig.
Mit Liebe gelebter Glaube macht tolerant.

Wohl denen, die alles mit Liebe tun.

Das ist schwer:
Ein Leben zu zwein.
Nur eins ist noch schwerer:
Einsam sein!

Kurt Tucholsky

Schritte auf dem Weg zur wahren Liebe

Der erste Schritt auf dem Weg zur wahren Liebe besteht darin, mich dem anderen bedingungslos zuzuwenden und aus dieser Zuwendung so viel Befriedigung und Glück zu erleben, daß ich nicht mehr danach frage, was ich bekomme. Bekomme ich etwas, ist es ein zusätzliches Geschenk.

Wenn ich einen Baum anschaue, dann gibt er mir auch nichts dafür, daß ich ihn betrachte und bewundere, und doch erlebe ich seine Schönheit als seelisches Wohlbefinden, als Kraft und Ruhe, als Lebensfreude. Ich will auch nichts von ihm, freue mich einfach daran, daß es ihn gibt, will ihn auch nicht anders haben, sondern liebe ihn so, wie er ist.

Will ich in der Liebe glücklich werden, muß ich zwei Dinge auflösen: Die Angst, nicht genug geliebt zu werden, und das Verlangen, den anderen besitzen zu wollen, denn wer Angst hat und besitzen will, wird letztlich alles verlieren.

Soll meine Liebe Bestand haben, braucht sie drei Voraussetzungen:

- Bewunderung,
- eine gemeinsame Aufgabe, die uns „begeistert“,
- Verständnis, auch ohne zu verstehen.

Will ich aber der wahren Liebe begegnen, muß ich zuerst meine Liebe zu Gott entdecken, dann Gott im Menschen erkennen, und zwar in allen Menschen, und Gott in jedem Menschen lieben. Denn die wahre Liebe ist grenzenlos, und ich kann nicht den einen lieben und den anderen ausschließen von meiner Liebe. Daher ist die Liebe zu einem Partner oder zu einem Land usw. noch unvollkommen.

Die wahre Liebe ist also nicht meine Beziehung zu einem Gegenüber, sondern Liebe existiert ohne Gegenüber. Liebe ist einfach da, durchdringt und erfüllt mich. Erst aus dieser tiefen inneren Durchdringung und dem Erkennen des Göttlichen in allem entsteht die „All-Liebe", die nichts mehr ausschließt und nichts mehr bevorzugt. Diese wahre Liebe ist das Einschwingen in das göttliche Einssein mit dem Einen in allem. Ein Mensch, der so liebt, liebt nicht irgend jemanden oder irgend etwas, er ist ein Liebender geworden.

Wenn der Himmel
einen Menschen liebt,
dann läßt er ihn einem Freund
begegnen.

Kein Weg ist lang –
mit einem Freund an der Seite.

Einen wirklichen Freund – eine wahre Freundin
kann man nicht verlieren –
sie sind uns sicher wie das eigene Wesen –
verlieren können wir nur die Illusion,
die wir uns über andere Menschen machen!

FREUNDSCHAFT

Ich liebe dich – nicht darum, weil du so bist, sondern weil ich so bin, wenn ich bei dir sein kann. Ich liebe dich – nicht wegen all dem, was du aus dir gemacht hast, sondern für das, was du aus mir machst. Ich liebe dich – um meines besseren Ich willen, das du hervorzukehren weißt.
Ich liebe dich – weil du Hand anlegst an mein übervolles Herz und alle Leichtfertigkeiten und Schwächen übersiehst, die man nicht übersehen kann, und dafür alles, was schön und gut ist, zum Vorschein bringst, das zu finden kein anderer tief genug geblickt hat.
Ich liebe dich – weil du deine Ohren vor den Mißklängen in mir verschließest und statt dessen durch ehrfürchtiges Lauschen die Musik in mir verstärkst.
Ich liebe dich – denn du hilfst mir, auf dem Bauplatz meines Lebens nicht ein Gasthaus, sondern einen Tempel zu errichten, so wie du mir auch hilfst, daß meine täglichen Worte nicht Vorwurf, sondern Gesang sind.
Ich liebe dich – weil du mehr zu meinem Glück beigetragen hast, als es irgendein anderer hätte tun können – und du tatest es ohne eine Berührung, ohne ein Wort, ohne ein Zeichen. Du tatest es einfach dadurch, daß du du selbst bist. Und wahrscheinlich ist es das, was man unter Freundschaft versteht.

(Unbekannter Autor)

Sei du selbst

Die meisten Menschen sind damit beschäftigt, das zu tun, was ihnen von anderen geraten wird, Eltern, Chef, Partner. Oder sie tun das Gegenteil. Beides ist nicht sehr intelligent.

Wer jemand anderem folgt, zeigt damit nur mangelnde Intelligenz, sonst würde er nur sich selbst folgen, denn er selbst muß die Folgen seines Tuns tragen.

Also tun Sie nicht, was die Meister, Lehrer, Freunde sagen, es sei denn, Ihr Wahres Selbst sagt dazu JA!

Hören Sie nur noch auf sich selbst, denn alles Wissen und alle Weisheit ist in Ihnen – der andere kann Sie nur daran erinnern.

Das wahre Selbst greift aber nur ein, wenn Sie es darum bitten. Wenn Sie es einladen, Sie zu führen, und wenn Sie ihm folgen. Sie brauchen sich selbst nur eine Frage zu stellen, und die erste Antwort, die kommt, ist von Ihrem Selbst, die zweite kommt schon aus dem Verstand und die dritte und vierte usw. Aber Sie können immer wieder neu fragen, und immer wird die erste Antwort von Ihrem Wahren Selbst kommen (Gleich ausprobieren).

Wieviel Zeit / Geld / Aufmerksamkeit investieren Sie, um Sie selbst zu werden? Und wieviel für Dinge, die Sie ohnehin hier zurücklassen? Welche Konsequenz ergibt sich daraus?

Wir möchten gern, daß die Dinge besser werden, aber die Umstände entsprechen immer unserem Bewußtsein, können sich also nur ändern, wenn wir unser Bewußtsein ändern – die „inneren Bilder“. Doch selbst wenn es uns derzeit gut geht, ist das nur ein Bruchteil dessen, was sein könnte und sollte, wenn wir wir selbst wären.

Wenn mich ein anderer an mich selbst erinnert, dann sollte ich ihn weder auf ein Podest stellen, noch verurteilen, denn beides sind beliebte Egospiele. In beiden Fällen brauche ich mich nicht zu ändern. Besser ist es, sich nicht um den Botschafter zu kümmern, sondern um die Wahrheit der Botschaft, und zu tun, was zu tun ist.

Ich suchte dich und habe
mich gefunden.

Franz Grillparzer

Der „kosmische Ton“

Wenn ich in der Meditation „nach innen lausche“, höre ich ganz deutlich einen inneren Ton, sehr hoch, wie das Singen von Telefondrähten im Wind.

Es ist eine sehr hilfreiche Konzentrationsübung, in der Meditation ganz mit diesem „kosmischen Ton“ in mir zu verschmelzen. Gelingt es mir, mit dem Strom des kosmischen Tons eins zu werden, erkenne ich nicht nur, daß seine alles durchdringende Kraft das ganze Universum ausfüllt, daß es sich um den ständigen „Urlaut der Schöpfung“ handelt, mein Sein trinkt dabei auch von dem „Wasser des Lebens“. Reine Lebenskraft durchdringt und erfüllt mein ganzes Sein.

Ich kann die Kraft des Tonstromes darauf lenken, mein ganzes Sein „heil“ werden zu lassen. Ich kann aber auch einen Wunsch, eine Absicht in den Strom geben, der sie in kürzester Zeit verwirklicht. Ich kann so für mich, für einen anderen Menschen oder für die Schöpfung wirken. Auf diese Weise bin ich in direktem Kontakt mit der „Schöpferischen Urkraft“.

Ich kann mich dabei durchaus wert fühlen, das Geschenk des Lebens anzunehmen, meine Bedürfnisse unmittelbar zu stillen, das Gute des Lebens anzunehmen. Ich kann aber auch einfach nur wunschlos und absichtslos eins werden mit dem Leben und in dieser Einheit ruhen.

Wir haben gelernt,
wie Vögel zu fliegen,
wie die Fische zu schwimmen.
Doch wir haben die einfache
Kunst verlernt,
wie Brüder zu leben.
Martin Luther King

Freundschaft ist, wenn
dich einer für gutes
Schwimmen lobt, nachdem
du beim Segeln gekentert bist.

Liebe ist nicht alles,
was wir brauchen –
aber wir brauchen sie,
um alles zu haben!

Urteile nie

Ein alter Mann lebte in einem Dorf, sehr arm, aber viele waren neidisch auf ihn, denn er besaß ein wunderschönes weißes Pferd. Könige boten phantastische Summen für das Pferd, aber er verkaufte es nicht.

Eines Morgens fand er sein Pferd nicht im Stall. Das ganze Dorf versammelte sich und die Leute sagten: „Du dummer alter Mann! Wir haben immer gewußt, daß das Pferd eines Tages gestohlen würde. Es wäre besser gewesen, es zu verkaufen. Welch ein Unglück! Der alte Mann sagte: „Geht nicht so weit, das zu sagen. Alles, was ist, ist: Das Pferd ist nicht im Stall. Soviel ist Tatsache. Alles andere ist Urteil. Ob es ein Unglück ist oder ein Segen weiß ich nicht, weil ich nicht weiß, was folgen wird."

Die Leute lachten den Alten aus. Sie hatten schon immer gewußt, daß er ein bißchen verrückt war. Aber: Nach fünfzehn Tagen kehrte das Pferd zurück. Es war nicht gestohlen worden, sondern in die Wildnis ausgebrochen. Und nicht nur das, es brachte auch noch zwölf wilde Pferde mit. Wieder versammelten sich die Leute und sagten: „Alter Mann, du hattest Recht, es hat sich tatsächlich als Segen erwiesen." Der Alte entgegnete: „Wieder geht ihr zu weit. Alles, was ist, ist: Das Pferd ist zurück. Ihr lest nur ein einziges Wort in einem Satz – wie könnt ihr das ganze Buch beurteilen?"

Der alte Mann hatte einen einzigen Sohn, der begann die Wildpferde zu trainieren. Schon eine Woche später fiel er vom Pferd und brach sich die Beine. Wieder versammelten sich die Leute und wieder urteilten sie: „Du hattest recht, es war ein Unglück. Dein einziger Sohn kann nun die Beine nicht mehr gebrauchen und er war die Stütze deines Alters. Jetzt bist du ärmer als je zuvor." Der Alte antwortete: „Ihr seid besessen vom Urteilen. Alles, was ist, ist: Mein Sohn hat sich die Beine gebrochen. Niemand weiß, ob dies ein Unglück ist oder ein Segen. Das Leben kommt in Augenblicken und mehr bekommt ihr nie zu sehen."

Es ergab sich, daß das Land einen Krieg begann. Alle jungen Männer des Ortes wurden zwangsweise zum Frontdienst eingezogen. Nur der Sohn des alten Mannes blieb zurück, weil er gebrochene Beine hatte. Der ganze Ort war vom Wehgeschrei erfüllt, weil dieser Krieg nicht zu gewinnen war, und man wußte, daß die meisten jungen Männer nicht nach Hause zurückkehren würden. Die Leute kamen zum alten Mann und sagten: „Du hattest recht, es hat sich als Segen erwiesen." Der alte Mann antwortete: „Ihr hört nicht auf zu urteilen. Alles, was ist, ist: Man hat eure Söhne in die Armee eingezogen und mein Sohn wurde nicht eingezogen. Nur das Ganze weiß, ob dies ein Segen oder ein Unglück ist." Urteile nie!

Die Chance des Alters

Nur wenige werden erwachsen – die meisten werden nur alt!

Erkennen Sie, daß es nur der Körper ist, der alt wird. Innen bleiben Sie zwanzig. Das Wahre Selbst altert nicht.

Aufgabe des Alters ist es, loszulassen:

Ärger, Angst, Enttäuschung, Kränkung, Bindung, Vergangenheit, Eigenwille, Erwartungen usw.

Auch Dinge, die ich jetzt nicht mehr tun kann. Sport, Sex ...

Man hat mir die Arbeit genommen = Selbstwerteinbruch!

Krankheit muß auch im Alter nicht sein. Alterskrankheiten sind nur die ungelernten Lektionen im Laufe des Lebens. Nicht mehr gut sehen, hören, Vergeßlichkeit, Verkalkung, Unbeweglichkeit, Verhärtung, Hüftprobleme, Bauch, Hilflosigkeit, Schwäche.

Früher wurde man alt im Kreise seiner Familie. Heute ist da oft die Angst, abgeschoben zu werden.

Angst auflösen durch die Erkenntnis: „Mir kann nur das widerfahren, was für meine Entwicklung not-wendig ist, und was zu mir gehört, kann ich nicht verlieren.“

Einsamkeit zum All-eins-sein transformieren.

Mancher wäre am liebsten tot. Aber ich kann erst gehen, wenn meine Aufgabe erfüllt ist. Was also ist noch zu tun? Was erwartet das Leben noch von mir? Bin ich wirklich vorbereitet? Testament gemacht?

Auch Selbstmord ist keine Lösung, denn ich kann nicht vor meinen Aufgaben davonlaufen. Wohin auch?

Andere haben Angst vor dem Tod.

Die Aufgabe dabei ist, eine Antwort zu finden auf die Frage: „Was kommt danach?“ Geht es weiter? Ansprache eines „Embryos“. Das Sterben ist der letzte Teil meines selbstverursachten Schicksals - der Tod ist die „Krönung des Lebens“.

Lernen frei zu werden von:

Verpflichtungen, der Meinung anderer, Besitz, Angst, Erfolg, materiellen Zielen, körperlichen Wünschen.

Frei zu sein von Außen für das Innen, für sich selbst und das, was ich schon immer tun wollte. Sollte?

Sein Inneres aktiv erleben.

Seine Eigenschaften zum Charakter formen.

Das Wissen zur Weisheit werden lassen.

Seine Lektionen annehmen, wie: Alter, Gebrechlichkeit, Häßlichkeit, Krankheit; Schönheit von innen erwerben.

Innere Jugendlichkeit und Lebendigkeit, frei vom Alter.

Bewußt sein.

Ernährung, Bewegung, Musik, Gebet, Meditation, Psychohygiene.

Vergangenheit aufarbeiten.

Den Sinn der Geschehnisse erkennen und daraus lernen, Geist beweglich und Herz jung erhalten.

Klären, was jetzt noch zu tun ist zum erfüllten Leben.

Sich freuen an dem, was erreicht wurde.

Bereinigen - verzeihen - loslassen.

Über sich hinauswachsen.

Den Körper mehr und mehr durchgeistigen.

Seinen Jugendtraum erfüllen – mit siebzig promovieren.

Das eigene Leben zur Kunst erheben.

Vorbild sein für Kinder, Enkel ...

Anderen „Alten“ helfen, das Alter als Chance zu erkennen und zu nutzen, um sein Bewußtsein zu erheben.

Tun durch Nichtstun. Wirken durch Sein.
Die wahre Hilfe und Geborgenheit in Gott finden.
Sich in Seine Hände begeben – in Seiner Geborgenheit ruhen.

Die „Geistige Geburt“ geschehen lassen.
Das Leben als Geschenk annehmen.
Jede Minute dankbar genießen.
Den Jungbrunnen „Bewußtsein“ entdecken.
Verjüngung von innen heraus erleben.
Die letzten Erkenntnisse sammeln.
Den „Schicksalsrucksack“ umpacken.

Die Erinnerung ist das einzige Paradies,
aus dem wir nicht vertrieben werden
können...

Jean Paul

Wo Liebe ist, da ist Versöhnung leicht.

Aus Wales

Ein Tropfen Liebe ist mehr als ein Ozean
an Willen und Verstand.

Blaise Pascal

Der „Tod des Narren“ oder die „Geburt der Weisheit“

Das Leben ist wie ein Film, und die meisten Menschen spielen mit, ohne zu bemerken, daß alles nur ein Film ist. Manche erkennen zwar den „Lebensfilm“, aber fühlen sich davon getrennt, obwohl sie darin handeln. Nur ganze wenige stehen hinter dem Projektor und spielen den Film ab.

Wirklich leben aber tut nur der, der hinter der Kamera steht und bewußt den Lebensfilm dreht, nach einem Drehbuch, das er selbst geschrieben hat. Er weiß auch, wem das Kino gehört und wer die Zuschauer in Wirklichkeit sind, die sich den Film ansehen, dem auch er gleichzeitig zuschaut.

Der Kinobesitzer in diesem Beispiel ist Gott, die einzige Realität, und wir alle sind ein Teil dieser Realität, ein Teil dieses einen Bewußtseins, das wir Gott nennen. Alles andere ist Maya – Schein, ein „Abbild“ dieser einen Wirklichkeit. Und der Titel des Film heißt:

„Das Spiel des Lebens“.

In diesem Film sind wir Drehbuchautor, Regisseur, Hauptdarsteller, Zuschauer, ja sogar Mitbesitzer des Kinos, in dem der Film läuft. Worauf es ankommt ist, daß wir uns dessen bewußt sind. Das Ganze findet uns zur Freude statt. Wenn mir der Film keinen Spaß macht, sollte ich das Drehbuch ändern, eine andere Rolle spielen, mir dieser Rolle bewußt werden

und das „Spiel des Lebens“ genießen!!!

Wann ist das Leben?

Das Leben ist wirklich jetzt, in diesem Augenblick, nicht ab und zu, manchmal, gelegentlich, auch nicht morgen, oder wenn Sie Ihre Rente bekommen, Ihre Kinder groß sind, Sie das Haus bezahlt haben.

Erwarten Sie nichts von morgen.
Morgen ist vielleicht nie,
erwarten Sie es hier und jetzt,
denn Sie leben nur in diesem Augenblick.

Die Zeit vergeht
und kommt nie mehr wieder.
Die Chance, die Ihnen das Leben bietet,
geht vorüber, wenn Sie sie nicht nutzen.
Dieser Augenblick ist in der ganzen Ewigkeit einmalig,
wird sich nie mehr wiederholen,
ist nur jetzt und kommt nie wieder.

Bald schon wird heute morgen sein
und gestern heißen.
Wird vergangen sein
eine Vergangenheit,
die Sie vielleicht gar nicht gemeint haben.
In diesem Augenblick können Sie alles noch ändern:
Nur in diesem Augenblick!!!

Nie wieder wird es JETZT sein.

Ich lebe in dieser Welt.
So will ich das Gute, das ich tun kann, gleich JETZT
tun, will nichts aufschieben und nichts versäumen,
denn ich werde diesen Weg
NICHT NOCH EINMAL GEHEN KÖNNEN!!!

Freundschaft beruht vor allem darauf,
die Andersartigkeit des Freundes als eine
Bereicherung zu betrachten.

Rudolf Walter Leonhard

Der beste Weg, einen Freund zu besitzen,
ist, selbst einer zu sein.

Ralph Waldo Emerson

Was für den Vogel
die Kraft der Schwingen,
das ist für den Menschen
die Freundschaft;
sie erhebt ihn
über den Staub
der Erde.

Zenta Maurina

Der Tod als Krönung des Lebens

Der Tod ist das Ziel und das Ende unseres Lebens. Da wir alle einmal sterben werden, sollten wir uns alle viel mehr mit dem Tod befassen, doch für die meisten Menschen ist der Tod ein Tabu. Vielleicht, weil der Mensch Angst hat vor dem endgültigen Ende, vor dem Nicht-mehr-sein.

Die Wirklichkeit aber ist, daß wir immer sein werden. Wir sind alle reines Bewußtsein und daher unsterblich. Wir können weder geboren werden, noch können wir krank werden oder sterben. Unser wahres Selbst kann nur sein, und doch ist dieses Sein auch ein ständiges Werden. Wir werden, was wir in Wirklichkeit sind - schon immer waren: reines Bewußtsein, das vollkommen geschaffen, sich mehr und mehr seiner selbst bewußt wird. Damit treten wir unser geistiges Erbe an.

Selbst wenn dieser Tag Ihr letzter sein sollte, was soll's, was wäre daran schlimm? Es würde nur bedeuten, daß wir danach wieder zurück nach Hause dürften, weil unsere Aufgabe erfüllt ist. Ich bin in jeder Minute bereit zu gehen, und Sie sollten es auch sein.

Bereit sein aber heißt, alles getan zu haben, was zu tun war. Haben Sie alles getan? Stellen Sie sich doch einmal vor, Sie wüßten absolut sicher, daß Sie nur noch wenige Tage zu leben hätten und blickten nun zurück auf Ihr Leben. Was haben Sie erreicht? Was haben Sie versäumt, was würden Sie noch tun wollen? Wohin wollen Sie noch gehen, mit wem wollen Sie noch sprechen?

Diese Fragen sollten Sie einmal ganz ernsthaft und sorgfältig prüfen und Ihre Antworten finden.

Wenn Sie noch eine Woche leben würden:

> Welche Wünsche würden Sie sich noch erfüllen?
> Wen treffen? Wem verzeihen?
> Was schaffen? Vollenden? Klären? Anfangen? Erleben?

Die Wirklichkeit zeigt, daß es keinen Tod gibt. Wenn ein Mensch stirbt, läßt eine unsterbliche Seele einen Körper auf der materiellen Ebene zurück und geht auf die nächste Ebene des Seins über, und in den meisten Fällen ist der Tod einfacher als die Geburt.

Sterben kann nur schwierig sein, wenn wir uns nicht rechtzeitig vorbereiten, wenn wir an dieser Ebene festhalten wollen. Wenn wir uns nicht von unserer Familie oder dem Besitz lösen können.

Doch auch wenn beim Sterben der Körper heftige Zuckungen durchmacht und der Sterbende qualvoll stöhnt, so sind dies meinst nur Reflexe. Wenn man den Sterbenden danach fragt, sobald er wieder klar bei Bewußtsein ist, erinnert er sich nicht an Schmerzen. Beim Tod gleitet die Seele sanft und ruhig hinüber.

Spätestens beim Sterben müssen wir daher die Lektion des Loslassens lernen und wohl dem, der sie dann schon beherrscht. Deshalb sollten wir alle rechtzeitig loslassen lernen, besser noch, gar nicht erst an irgendwelchen äußeren Dingen haften. Nimm dankbar, was das Leben dir bietet, erfreue dich daran, aber hänge dich nicht daran und versuche nicht festzuhalten.

Angst vor dem Tod ist nichts als die Angst vor dem Loslassen-Müssen. Deshalb werden wir erst wirklich leben lernen, wenn wir gelernt haben zu sterben.

Der Tod ist nur ein Tor, durch das wir gehen, wenn unsere Zeit gekommen ist, doch von der anderen Ebene aus gesehen, ist es eine Geburt.

Die Seele aber geht ihren Weg und weiß nichts von Geburt und Tod. Sie ist frei und unsterblich.

Wir sollten uns eigentlich ständig unseres wahren Wesens bewußt sein, sollten wissen, daß wir unsterbliches Bewußtsein sind, ein Teil des Einen Bewußtseins. Wir alle haben schon unzählige Male gelebt. Wir waren arm und reich, Mann und Frau, Bettler, König, Präsident und Soldat, und die Verhältnisse, unter denen wir das nächste „Leben" beginnen werden, bestimmen wir in diesem Leben selbst.

Das, was wir ein Leben nennen, ist in Wirklichkeit nur ein Tag unseres ewigen Seins. Aller Reichtum, den wir angesammelt haben mögen, ist bedeutungslos, denn alles, was wirklich zählt, ist der geistige Reichtum, das wir erwerben. Nur das bleibt uns wirklich für immer.

Immer wieder taucht die Frage auf, was man denn tun könne, um sich auf das nächste Leben vorzubereiten. Der beste Weg, sich auf die nächste Inkarnation vorzubereiten, ist dieses Leben richtig zu leben, die gebotenen Chancen zu nutzen und den Augenblick zu erfüllen. Dazu gehört auch, für die Gemeinschaft zu denken und dem Ganzen zu dienen.

Diese Welt ist eine Schule, und das Wesentliche an einer Schule ist der Unterricht. Nicht die Rolle ist wichtig, die ich hier spiele, sondern einzig und allein, wie ich meine Aufgabe erfülle. Ich bestimme, ob ich eine Hauptrolle im Leben spiele oder nur eine kleine Nebenrolle. Das Ziel des Unterrichts aber ist, sich Gott zuzuwenden, auf das Höchste zu blicken und sein ganzes Leben darauf auszurichten.

Ist mein Unterricht aber beendet, so kann mein Körper abgelegt und vergessen werden. Es ist überflüssig, einen Gedenkstein anzubringen, denn niemand würde seinen alten Anzug vergraben und mit einem Gedenkstein ehren oder seinem verrosteten Auto ein Denkmal setzen. Lassen wir die Vergangenheit los, sie ist vergangen und kommt nie mehr wieder.

Sie ist tot, die Zukunft noch nicht geboren. Wir leben nur wirklich in der Gegenwart, in diesem Augenblick, im ewigen JETZT.

Nur wer gelassen durchs Leben geht und die Wirklichkeit hinter dem Schein erkennt, lebt wirklich. Der hat erkannt, daß alle großen Meister für ihn gelebt und die Gesetze des Lebens für ihn überliefert haben. Der nimmt, glücklich und dankbar, diese Erkenntnisse entgegen und tritt so sein geistiges Erbe an.

Er weiß, daß alles seine Zeit hat. Er erkennt und nutzt die Zeit der Aktivität und geht, wenn es Zeit ist, in die Ruhe. Er überwindet die innere Restlosigkeit durch Gelassenheit und zeigt sich und den anderen, daß der Weise sich selbst genug ist, um glücklich zu leben.

Er geht so sorglos von dannen wie er gelebt hat, doch nur wenige wollen, daß Sie weise leben, sondern nur, daß sie möglichst lange leben. Worauf es ankommt aber ist, nicht dem Leben mehr Jahre, sondern vielmehr den Jahren mehr Leben zu geben.

Der Weise erkennt, daß selbst der Tod kein Übel ist, und so kann er alles, was eine geringere Beeinträchtigung ist als der Tod, gelassen hinnehmen. Er weiß, daß sein wahres Selbst weder geboren wurde, noch sterben kann – er wird immer sein, wie also könnte er Angst haben vor dem Tod. Welchen Tod sollte er fürchten?

Er erkennt den Sinn des Lebens, der jenseits steht von Sinn oder Unsinn dieser Welt und ruht in der Gewißheit des Einsseins mit allem und in der Liebe für alles.

Wer liebt,
herrscht ohne Gewalt
und dient,
ohne Sklave zu sein.

Zenta Marina

Wir können nicht hindern,
daß die bösen Gedanken wie Vögel
über uns hinfliegen,
aber wir können hindern,
daß sie auf unseren Köpfen
Nester bauen.

Martin Luther

Der Mensch bringt täglich
sein Haar in Ordnung,
warum nicht auch sein Herz?

Indische Weisheit

Der Weg von der Vielfalt zur Einheit

1. Die Ein-Sicht
   Sobald wir uns weg von dem äußeren Schein der inneren Wirklichkeit zuwenden, erkennen wir die Wirklichkeit (das was wirkt) immer klarer, wir bekommen Einsicht. Das wahre Leben beginnt.

2. Ein-Klang
   Durch diese Einsicht werden wir bereit, unseren Willen mehr und mehr loszulassen und in Einklang zu bringen mit dem Schöpfungswillen. Wir erkennen dies als direkten Weg und die Eigenwilligkeit als Umweg.

3. Über-Ein-Stimmung
   Dadurch stimmen wir überein mit der „Symphonie der Schöpfung". Jeder Mißton ist beseitigt, und wir übernehmen immer vollkommener unseren Teil der Aufgabe, tragen bei zur Vollkommenheit der Schöpfung. Schöpfung geschieht durch uns. Wir erleben bewußt, was Gott durch uns will. Gott wirkt durch mich als ich.

4. Ein-Führung
   Sobald wir so zum Kanal geworden sind, setzt die innere Führung ein durch die Intuition. Es ist die höchste Form des Bewußtseins. Die Intuition führt uns ein in das innerste Wesen allen Seins.

5. Ein-Weihung
Nun weihen wir uns ganz dem Einen, als Folge der Erleuchtung aus dem Dunkel der Unwissenheit in das Licht der Weisheit. Es ist die geistige Wiedergeburt. Das Ziel der Evolution.

6. Ein-Falt
Die Vielfalt der vergänglichen Erscheinungsformen vereinigt sich zur Einheit des wahren Seins. Die gefalteten Hände sind das äußere Symbol hierfür. Die Vielfalt der vergänglichen Erscheinungsformen, als Symbol die zehn Finger, finden sich in der Qualität, den beiden Händen, und vereinigen sich in den gefalteten Händen zur Einfalt – dem Einssein.

7. Ver-Ein-Ich-ung
Der Schein des Getrenntseins ist aufgehoben. Der Tropfen fließt zurück in den Ozean. Die Individualität hört auf zu sein, das eine und das andere wird eins in allem. Der individualisierte Teil des Einen Bewußtseins ist zurückgekehrt in das göttlich Ganze. Der Vater und ich sind eins!

Paradies im „Hier und Jetzt“

Ich lebe in der Hölle, solange ich von mir selbst getrennt bin. „Sünde“ = Sinte = Trennung. Es ist die Hölle von Leid, Krankheit, Schuldgefühlen, Haß und Neid. In der Qualität.

Ich lebe im „Paradies“, wenn ich „ich selbst“ bin und im „Hier und Jetzt“ lebe, denn die Vergangenheit ist tot und die Zukunft noch nicht existent. Leben ist nur im Hier und Jetzt und dieses Jetzt, ist ewig. Das „ewige Leben“ ist jetzt da, denn als „ich selbst“ lebe ich ewig. Und das Paradies ist nicht irgendwo, das Paradies ist in mir selbst. Indem ich eins bin mit mir selbst, lebe ich im Paradies.

Sich „Gedanken machen“ trennt vom Paradies, denn sobald ich „nachdenke“, gehe ich aus dem „Hier und Jetzt“. Sich Gedanken machen führt zu Urteilen, Meinungen und Vorstellungen. Ich lebe dann nicht mehr aus dem lebendigen Augenblick, sondern aus meiner Vorstellung der Wirklichkeit, anstatt aus der Wirklichkeit, und damit in Sünde = Sinte = Trennung vom Leben.

Ich selbst aber bin ewig und doch in jedem Augenblick neu. Lebe ich aber eine Vorstellung von mir oder eine Rolle, dann trenne ich mich von mir, selbst dann, wenn die Rolle und das Leben identisch wären. Lebe ich aber in der Wirklichkeit des Augenblicks, erfülle ich jeden Augenblick mit mir selbst, bin der, der ich wirklich in diesem Augenblick bin, bin authentisch.

Um wirklich lebendig zu sein, muß ich den Mut haben, „ich selbst" zu sein, und um das zu können, muß ich wirklich „selbst-bewußt" sein, ich selbst sein, nicht die Vorstellung von mir selbst. Lebendig zu sein, heißt aber auch, ganz da zu sein, mit meinen Gedanken da zu sein, wo mein Körper ist und das wirklich ganz zu tun, was ich gerade tue.

Leben ist nicht irgendwann, ab und zu, gelegentlich, sondern in jedem Augenblick. Auch nicht morgen oder wenn ich meine Rente bekomme, sondern nur JETZT. Die meisten aber sterben, ohne je gelebt zu haben.

In höchstmöglicher Form zu sein heißt, so zu sein, wie ich gerade bin.

ICH BIN, DER ICH BIN!!!

Man sollte dem anderen die
Wahrheit wie einen Mantel hinhalten,
daß er hineinschlüpfen kann, und sie
ihm nicht wie einen nassen Lappen
um die Ohren schlagen.

Max Frisch

Wer seinen Nächsten verurteilt,
der kann irren.
Wer ihm verzeiht,
der irrt nie.

Karl Heinrich Waggerl

Werde ein Segen für alle,
die dir begegnen.
Du hast einen Auftrag für alle,
und wäre es nur ein freundlicher Gedanke,
ein Gruß, ein stummes Gebet.

Eva von Tiele-Winckler

Herr, laß mich sein, wie die Kerze ist

Laß mich so wie die Kerze Licht bringen in die tiefste Finsternis.
Laß mein Licht Hoffnung und Wegweiser sein für alle, die im Dunkeln sind.
Laß mein Licht strahlen über alles und die Welt erleuchten.

Laß meine Flamme das Feuer der alles verwandelnden Liebe entfachen und die Herzen der Menschen erwärmen.

Laß mich sein wie der weiße Docht, der sich in Demut neigt vor Deiner Allmacht und Weisheit und durch Deinen Atem das Licht zum Leuchten bringt.

Laß mich sein wie das Wachs der Biene:
– weich und willig in Deinen Wänden – und doch hart und abweisend, wenn es sein muß;
– flüssig und jede Gestalt annehmend – und doch fest und formbeständig, wo es erforderlich ist;
– bescheiden in Duft und Farbe – und doch voller Glanz und Wohlgeruch in der Wärme.

Herr, laß mich sein, wie die Kerze ist:
Ein Meisterwerk vollkommener Harmonie im Innen und im Außen, das brennend sich selbst verzehrt, sich auflöst in Vollkommenheit und eingeht in die allumfassende Einheit.

Herr, laß mich sein, wie die Kerze ist!

Das Wunder des Atems

Das morgendliche Atemritual

1) Der reinigende Atem
   Ich reinige den Tempel Gottes – Körper, Zähne, Atem, Magen, Seele, Geist.

2) Der schmelzende Atem
   Mit jedem Atemzug löse ich im Körper auf, was nicht mehr zu mir gehört, Gewicht, Vergangenheit, Sorgen, Ablagerungen.

3) Der harmonische Atem
   In den gereinigten und erleuchteten Körper atme ich Gesundheit, Kraft, Freude, Leichtigkeit.

4) Der erfüllende Atem
   In den so gereinigten Tempel lade ich Gott ein. Mit jedem Atemzug erfüllen mich der Geist und die Liebe Gottes und durchlichten mein ganzes Sein.

5) Der anziehende Atem
   In den gereinigten und mit Gottes Geist und Liebe erfüllten Tempel ziehe ich nach dem Gesetz der Resonanz die richtigen Menschen, Freunde, Zufälle, Möglichkeiten, Ereignisse und Umstände für ein erfülltes Leben an.

Es heißt, alles habe seinen Preis –
aber Nähe und Zärtlichkeit müssen geschenkt
sein, sonst sind sie der Mühe nicht wert!

Liebende Herzen lächeln
über alle Fragen
nach dem Sinn des Lebens!

Wirkliche Liebe ist immer größer
als alle Vorstellungen,
die man sich von ihr macht!

Selbstverwirklichung
Schritte zur Vollkommenheit

Selbstverwirklichung ist kein linerarer, sondern ein holistischer Prozeß. Der hier aufgezeigte Weg führt zwar zum Ziel, ist aber nicht der einzige, und es müssen nicht alle Schritte und nicht unbedingt in dieser Reihenfolge gegangen werden, und es können weitere Schritte erforderlich sein – aber es ist ein guter Weg.

Suchen

Bevor ich ein Ziel erreichen und den Weg dahin finden kann, muß ich mich auf die Suche machen. „Suchet, so werdet ihr finden", lautet das Geistige Gesetz. Suchen sollte man da, wo man etwas finden kann – in sich selbst. Gehe in dich und du wirst finden.

Das geistige Erbe der Großen dieser Welt antreten.
Lesen Sie alles über: Jesus, Buddha, Laotse, Konfuzius, Sokrates, Pythagoras, Aristoteles, Platon, Seneca, Epicur usw.
Bauen Sie auf dem auf, was die Großen dieser Welt am Ende ihres Lebens erkannt hatten und gehen Sie von da weiter.

Gehen Sie in die Stille – Meditation und Gebet

Alle Großen, auch Jesus, gingen regelmäßig in die Stille, um sich zum Wesentlichen zu sammeln, ihr Bewußtsein auszurichten und die innere Harmonie zu festigen.

Selbsterkenntnis

Erkennen Sie Ihr REAL-ICH und Ihr IDEAL-ICH und verwirklichen Sie sich so, wie Sie gemeint sind. Finden Sie Ihre Antwort auf die Frage: „Wer bin ich wirklich?“ Bin ich Körper, Verstand, Ego, Gemüt, Unterbewußtsein oder Wahres Selbst? Bin ich der Name, den ich trage, oder die Rolle, die ich derzeit spiele, oder bin ich in Wirklichkeit unsterbliches, vollkommenes Bewußtsein, ein individualisierter Teil des einen, allumfassenden Bewußtseins? Indem ich mich immer mehr damit identifiziere, werde ich der, der ich wirklich bin, immer war und immer sein werde. Denn ICH BIN!

Zielbestimmung

Werden Sie sich klar, wo Sie am Ende Ihres Lebens stehen wollen. Machen Sie einen Lebensplan und schreiben Sie eine Wunschbiographie. Erkennen Sie den Sinn des Lebens, Ihre individuelle Aufgabe und Ihren persönlichen Weg zum Ziel. Erkennen Sie auch, daß in Wirklichkeit der Weg das Ziel ist, das Ziel ist nur das Ende des Weges und der Beginn eines neuen Weges. Also genießen Sie den Weg und jeden Schritt.

Kontakt zum Wahren Selbst, zum „Inneren Meister“

Erkennen Sie, daß Sie einen liebevollen und allwissenden Ratgeber an Ihrer Seite haben, der täglich vierundzwanzig Stunden für Sie da ist, der Ihnen bei allem hilft, was für Sie wichtig ist. Nehmen Sie über die Intuition Kontakt auf, zu diesem „Inneren Meister“ und lassen Sie sich führen. Lernen Sie, Entscheidungen nicht mehr zu fällen, sondern mit seiner Hilfe zu treffen.

Die „Geistigen Gesetze“

Lernen Sie die Geistigen Gesetze kennen. Aber lernen Sie auch, die „Botschaft Ihres Körpers“ und die „Sprache der Lebensumstände“ zu verstehen. Lernen Sie so, im „Buch der Schöpfung“ zu lesen und im Einklang zu leben mit der Schöpfung und dem Schöpfer.

Die Vergangenheit bereinigen

Mit Hilfe der Reinkarnationstechniken gehe ich durch meine vergangenen Leben und löse alle hochgeladenen Komplexe auf, um davon frei zu sein und deren Wirkung auf mein derzeitiges Leben und die Zukunft zu beenden. Ich erkenne so auch besser, warum ich heute so bin, wie ich bin, und kann die Gegenwart und Zukunft leichter meistern.

Nehmen Sie auch Kontakt auf mit allen Menschen, die Sie einmal gekannt haben, und lösen Sie alles auf, was die Harmonie zwischen ihnen stört. Das geht auch in einem „geistigen Zwiegespräch“, wenn der andere räumlich nicht erreichbar oder bereits gestorben ist.

Loslassen

Lassen Sie alles los, was nicht mehr wirklich zu Ihnen gehört. Ärger, Angst, Sorgen, Streß, Schuldgefühle, denn Sie bestimmen mit Ihrem Bewußtsein, wie Sie sind, und damit auch Ihr Leben. Sie werden in dem Maße vollkommener, wie Sie alles Unvollkommene, das nicht wirklich zu Ihnen gehört, loslassen und so die Vollkommenheit Ihres Wahren Selbst immer vollkommener zum Ausdruck bringen.

Richtig atmen

Lernen Sie die Hohe Kunst der richtigen Atmung und Atemlenkung. Ändern Sie bewußt die Qualität des Atems, indem Sie bewußt Gesundheit, Harmonie oder Ruhe einatmen und das Gegenteil ausatmen.

Richtige Ernährung

Essen Sie mäßig, aber regelmäßig, bewußt und in Ruhe lebendige Vollwertkost und kauen Sie gründlich. Halten Sie Ihr Idealgewicht. Essen und trinken Sie nur noch „Gesegnetes“. Achten Sie auch geistig auf reine Ernährung.

Die Wirklichkeit erkennen

Schärfen Sie Ihren Blick für die Dinge und Menschen und erkennen Sie immer klarer die „Wirklichkeit hinter dem Schein“. Erkennen Sie auch die Lektionen Ihres Lebens und befolgen Sie sie, sonst zwingen Sie das Schicksal nur, die Lektionen zu wiederholen. Erkennen Sie auch, daß alle Ihre Lebensumstände nur ein Spiegelbild Ihres Bewußtseins sind und daß Sie sie nur ändern können, indem Sie sich ändern. Lösen Sie Ihre Erwartungen auf und nehmen Sie Dinge und Menschen so an, wie sie nun einmal sind. So kann Sie nichts mehr ärgern, sind Sie nie mehr beleidigt, gekränkt oder verletzt und auch nicht mehr aggressiv. Sie sind frei. Erkennen Sie Probleme als Aufgaben des Lebens an Sie und das Leben selbst als individuellen Einweihungsweg.

Wahres positives Denken und Gedankendisziplin

Erkennen Sie, daß der Schlüssel zur geistigen Entwicklung die Gedankendisziplin ist. Lernen Sie, negative Gedanken sofort umzuformen und machen Sie es sich mehr und mehr zur Gewohnheit, nur noch positiv zu denken. Denken, fühlen, reden und handeln Sie wie ein Meister, und alles, was diesem hohen Maßstab nicht entspricht, formen Sie um. Stellen Sie einen Wächter vor das „Tor Ihres Bewußtseins", der nur Gutes hinein, aber vor allem nur Gutes heraus läßt. Denken was gut, sagen was wahr und tun was recht ist.

Psychohygiene

Machen Sie jeden Abend eine „Geistige Tagesschau" und lassen Sie die Ereignisse des Tages noch einmal auf Ihrem geistigen Bildschirm vorüberziehen. Loben Sie sich ruhig einmal, wo Sie mit sich zufrieden waren, und erleben Sie mental um, was nicht optimal gelaufen ist, und geben Sie so Ihrem Unterbewußtsein ein Bild Ihres erwünschten Verhaltens. So bereinigen Sie allmählich Ihre „Innere Bildergalerie" der Verhaltensmuster, bis alles Ihrem derzeitigen Maßstab entspricht.

Bewußt-Sein

Seien Sie achtsam und tun Sie bewußt, was Sie gerade tun. Erleben Sie das Wunder vollkommener Konzentration, indem Sie alles loslassen, außer dem, was Sie gerade tun. Das aber tun Sie ganz. Seien Sie sich bewußt, wer Sie wirklich sind, und handeln Sie als der, der Sie wirklich sind. Leben Sie ganz im „Hier und Jetzt“. Dieses „Selbst-Bewußt-Sein“ führt zu „Selbst-Disziplin“, „Selbst-Achtung“ und „Selbst-Verwirklichung“ und einem Leben aus der „Inneren Führung“.

Den Eigenwillen loslassen

Lassen Sie Ihr Ego mehr und mehr los und damit den Eigenwillen aus der Erkenntnis, daß die „Illusion der Trennung“ ein Werk Ihres Egos ist, denn in Wahrheit sind wir alle eins. Erkennen Sie, daß die Schöpfung ohnehin das Beste für Sie vorgesehen hat, warum sollten Sie sich also mit dem Zweitbesten begnügen. Seien Sie absichtslos und bereit, den Willen der Schöpfung durch sich geschehen zu lassen.

Der Tod als „Krönung des Lebens“

Leben Sie jeden einzelnen Tag so, als sei es Ihr letzter, und seien Sie bereit, jederzeit zu gehen. Hängen Sie weder an Menschen, noch an Besitz, sondern seien Sie frei von all dem. Erkennen Sie, daß alles „gleichgültig“ ist und gehen Sie gelassen durch Ihr Leben.

Das Leben als Einweihungsweg

Nutzen Sie die Zeit, die Sie noch haben, um auf dem Weg weiterzukommen, über die Stationen: Bewußt leben, Beharrlichkeit, Erkenntnissteigerung, größere Freiheit, Gelassenheit, Demut und Liebe, die Sie zu noch größerem Bewußtsein führt, bis zur Einheit mit Gott. Bis dahin leben Sie:

Als „Botschafter seiner Liebe“ und als „Engel auf Erden“.

Die wichtigste Zeit ist das JETZT, denn nur jetzt bestimme ich mein Leben. Der wichtigste Mensch ist der, der mich jetzt am not-wendigsten braucht, mein Nächster, dem ich jetzt helfen kann, und das wichtigste Werk ist, das Gute zu tun, das ich jetzt tun kann. So lebe ich ganz bewußt im Hier und Jetzt, gebe meinem Nächsten meine ganze Liebe und erkenne Gott in ihm und in mir und tue, was zu tun ist.

Selbstverwirklichung!

Was durch mich jeweils wirkt, bestimme ich selbst:
Verstand – Ego – Gemüt – Unterbewußtsein – Körper – Seele – mein Wahres Selbst – Gott.

Ich kann durch mich: Ärger – Angst wirken lassen oder Glück – Freude – Licht – Liebe – Vollkommenheit.

Je nachdem, welchen Teil von mir selbst ich durch mich wirken lasse, erlebe ich mein Leben, denn

DAS, WAS DURCH MICH WIRKT – WIRKT!!!
UND WIRKT SICH IN MEINER WIRKLICHKEIT
ALS WIRKUNG AUS.
WIRKLICH!!!

Wir sind nicht nur
verantwortlich für das,
was wir tun,
sondern auch für das,
was wir nicht tun.

Voltaire

Der Mensch hat dreierlei Wege,
klug zu handeln,
erstens durch Nachdenken,
das ist der edelste,
zweitens durch Nachahmen,
das ist der leichteste,
und drittens durch Erfahrung,
das ist der bitterste.

Konfuzius

Wenn du einen Würdigen siehst,
dann trachte ihm nachzueifern.
Wenn du einen Unwürdigen siehst,
dann prüfe dich in deinem Inneren.

Konfuzius

Ich kann bewußt wählen, welches Leben ich leben will

Leben als Chance

Das Leben bietet mir alle Chancen, ich brauche sie nur zu erkennen und zu nutzen. Ich kann aber auch selbst zur Chance werden für meinen Nächsten.

Leben als Strafe

Das Leben schickt mir ohne erkennbaren Grund einen Schicksalsschlag, eine Krankheit oder Leid, das ich mehr oder weniger geduldig zu tragen habe.

Leben als Spiel

Ein Spiel, das mir zur Freude erdacht und gespielt wird. Ein abwechslungsreiches Spiel, in dem ich entscheide, ob ich als Spielfigur oder als Spieler teilnehme. Ein Spiel, in dem ich nur gewinnen kann, nämlich Erkenntnisse. Ganz gleich, wie das Spiel gerade läuft, ich gewinne immer.

Leben als Schule

Ich lebe, um zu lernen. Alle Lebensumstände sind nur Möglichkeiten, die das Leben mir bietet, um zu lernen, um weiterzukommen in meiner Erkenntnis der Wirklichkeit. Ich bin hier, um Erkenntnisse zu sammeln, das einzige, was ich mitnehmen kann.

Leben als ständige Geburt

Jeder Augenblick ist neu und einmalig. Auch ich bin in jedem Augenblick ein anderer und kann in jedem Augenblick mein Leben neu bestimmen. Alles fließt, alles ist ständig im Werden.

Ich werde immer mehr zu mir selbst geboren.

Leben als Sterben

Alles vergeht, nichts kann ich halten, mich an nichts festhalten. Ich werde immer älter. Jugend und Gesundheit vergehen, Menschen verlassen mich. Ich erleide einen Verlust nach dem anderen.

Leben als Spiegel

Alle Lebensumstände sind nur ein Spiegelbild meines Bewußtseins, spiegeln nur mein inneres Sein wider. Ich kann alle Umstände ändern, indem ich mich ändere. Das Leben macht nur etwas Unsichtbares sichtbar, mein Bewußtsein.

Leben als Auftrag

Ich erkenne, ich bin mit einem bestimmten Auftrag hier, in einer individuellen Mission, die ich zu erfüllen habe. Ich weihe mich ganz der Erfüllung meines Auftrages.

Leben als Arbeit

Alles ist nur Arbeit. Das Leben besteht aus Pflichterfüllung. Ob ich das gern tue oder nicht, ich werde nicht gefragt, muß meine Pflicht erfüllen.

Leben als Kunstwerk

Ich erkenne, daß es in Wahrheit eine Kunst ist zu leben, und die Erfüllung ist es, aus seinem Leben ein Kunstwerk zu machen. So erlerne ich die Kunst zu leben, erfülle einen Augenblick nach dem anderen, zu einem erfüllten Leben.

Leben als Sport

Ich trainiere und vervollkommne meinen Körper als mein wichtigstes Werkzeug, erhalte ihn gesund und leistungsfähig. Ich messe mich mit anderen und versuche ständig zu gewinnen.

Leben als Abenteuer

Das Leben bietet mir ständig faszinierende Möglichkeiten, ein nie endendes Abenteuer, in dem ich die Hauptrolle spiele.

Leben als Schöpfer

Ich bin mir bewußt, daß ich der Herr meines Schicksals bin. Mit meinen Gedanken gestalte ich bewußt mein Leben und bin dankbar für die Schöpfungskraft, die mir gegeben wurde.

Leben als Lehrer

Ich weiß, das Leben ist dazu da, um ständig zu lernen und das Gelernte an seinen Nächsten weiterzugeben. So bin ich ständig bemüht, mein Wissen und mein Bewußtsein zu erweitern und Chance zu sein für meinen Nächsten.

Leben als Meister

Das Leben ist für mich die Chance, Meister zu werden über mich selbst, Disziplin zu üben und mich zu beherrschen.

Leben als Vorbild

Ich weiß, andere schauen auf mich, und so lebe ich so, daß alles, was ich tue, vorbildlich ist.

Leben als Engel

Ich bin auf der Erde als Ausdruck der Liebe Gottes, als „Botschafter Seiner Liebe", als Hilfe und zum Segen für alle. Ich halte mich im engelhaften Bewußtsein, lasse Gottes Liebe durch mich wirken und bringe Licht auf die Erde.

Leben als göttliches Bewußtsein

Ich erkenne mich als vollkommenes, unsterbliches Bewußtsein, als einen Teil des Einen Bewußtseins. Ich war immer und werde immer sein, denn ICH BIN!!! Ich gehe immer wieder in eine neue Erfahrung, tauche in einen neuen Körper ein, aber bleibe im Bewußtsein meines Wahren Selbst und lasse die Vollkommenheit meines Wahren Selbst immer vollkommener durch mich wirken.

Leben als Gott

Alle Trennung ist aufgehoben. Ich bin eins mit dem Einen und eins mit allem. Ich erkenne mich in allem und lebe als Gott, der in seiner Schöpfung und damit in sich ruht. Ich bin der Tropfen, der in den Ozean zurückkehrte und zum Ozean wurde.

ICH BIN!!!

Erbitte Gottes Segen für deine Arbeit,
aber verlange nicht auch noch,
daß er sie tut.

Karl Heinrich Waggerl

Behellige nicht den Himmel
mit der ständigen nutzlosen Frage:
„Welches ist mein Weg?“,
sondern lerne statt dessen zu lieben.
Wenn du liebst,
wirst du deinen Weg finden.

Carlo Carretto

Sich selbst zu besiegen,
ist der herrlichste Sieg.

Thomas von Kempen

„Einweihung“

Ein-Weihung, das heißt, sich ganz dem Einen weihen, ist der wesentlichste Schritt zur vollkommenen Transformation des Menschen. Mit diesem Schritt geht ein „Neuer Mensch“ in ein „Neues Leben“. Der alte Mensch ist gestorben und das neue Bewußtsein schafft völlig neue Lebensumstände nach dem Gesetz: „Wie innen, so außen“. Jesus sagte: „Wer SEIN Leben verliert um meinetwillen (also für das Christus-Bewußtsein), wird DAS Leben gewinnen.“

Früher war die Einweihung begleitet von einem äußeren Prozeß des „stirb und werde“ und geschah unter vollem Einsatz des Lebens in einer Konfrontation mit den vier Elementen. In der „Schule des Lebens“ erfolgt diese Probe noch immer ganz lebendig, wenn auch nicht mehr lebensgefährlich.

Die „Erdprobe“ besteht darin zu beweisen, daß man gelernt hat, mit der Materie, speziell mit dem Geld, optimal umzugehen.

Die „Wasserprobe“ besteht darin, in der Flut seiner Gefühle den Kopf klar und sein Herz offen zu halten, um nicht darin unterzugehen, so wie Jesus dem Sturm gebieten und auf dem Wasser wandeln konnte.

Die „Luftprobe“ besteht darin, seine Gedanken zu ordnen, also Gedankendisziplin zu halten, sein Bewußtsein auszurichten auf die Eine Kraft, es zu erweitern und zu erheben, bis es frei geworden ist von den Begrenzungen durch Raum und Zeit.

Die „Feuerprobe“ besteht darin, seine Willenskraft zu meistern und letztlich den individuellen Willen in den Zentralwillen einfließen zu lassen. Wie Jesus sagte: „Vater, nicht mein, sondern Dein Wille geschehe“.

Die Konfrontation mit den vier Elementen ist keineswegs immer angenehm, und es erfordert viel Geduld, bis wir nicht nur die Situation bewältigen, sondern daran sogar Freude finden.

Einweihung ist daher niemals ein äußerer Vorgang, der durch einen anderen erfolgen kann, sondern immer eine Begegnung mit dem Göttlichen Bewußtsein in mir selbst und damit ein Erwachen zu meinem Wahren Selbst. Es ist etwas, das geschieht.

Ich kann es zwar begünstigen, aber niemals herbeiführen. Niemand kann sich selbst gebären, sondern wir werden geboren. Und eine der letzten Hürden ist die Demut, geduldig abzuwarten, bis die Zeit gekommen ist, und nicht dem geistigen Hochmut zu verfallen, selbst bestimmen zu wollen, wenn es soweit ist. Also bescheiden bleiben, denn wer Bescheid weiß, ist ohnehin bescheiden. Nicht belehren, oder gar bekehren wollen, sondern sein Bewußtsein stets auf das Höchste gerichtet halten und damit gleichzeitig anderen helfen, zu sich selbst zu erwachen. Also seine Mission erfüllen, ohne zu „missionieren“.

Zu den Einweihungsproben gehört auch der optimale Umgang mit der Zeit. Zu erkennen, daß die Ewigkeit vor mir liegt und jeden Schritt auf dem Weg zum Ziel zu genießen, aber jeden Augenblick zu erfüllen, denn jeder Augenblick ist einmalig und kommt nie mehr wieder. So lebe ich im Bewußtsein der Ewigkeit ganz bewußt im Hier und Jetzt und erlebe bewußt die Einmaligkeit eines jeden einzelnen Augenblicks. Zeit und Ewigkeit verschmelzen so im bewußten Erleben des ewigen JETZT!!!

Der Eingeweihte ist wunschlos glücklich, verlangt nichts und weist nichts zurück, was immer das Leben ihm bringen mag. Da er nichts mehr besitzt, kann er auch nichts verlieren. Er hat alles losgelassen, was geringer ist als Gott, und ist so als der „verlorene Sohn“ nach Hause zurückgekehrt.

Wenn man nicht jede Stunde sinnvoll verwendet, bestiehlt man den lieben Gott.

Scharbel Machluf

Der Langsamste, der sein Ziel nicht aus den Augen verliert, geht noch immer geschwinder, als der, der ohne Ziel umherirrt.

Selbst ein Weg von tausend Meilen beginnt mit einem Schritt.

Wer zur Quelle will, muß gegen den Strom schwimmen.

Die „Geistige Geburt“

Wenn wir die Vollkommenheit unseres Wahren Selbst immer vollkommener in unserem Leben zum Ausdruck bringen, leben wir nicht nur im Wohlstand auf allen Ebenen des Seins, wir erleben vor allem wahre Selbst-Verwirklichung und damit unsere geistige Geburt. Wenn Sie es zulassen, treten Sie in diesem Augenblick in eine neue Dimension Ihres Seins ein. Alles, was bisher so wichtig erschien, Erfolg, Reichtum und Macht, wird völlig unwichtig, und das, was bisher weniger wichtig war, Entwicklung und Erkenntnisse, wird nun das Wichtigste, der eigentliche Lebensinhalt.

Zwei Dinge beherrschen das Leben des neuen Menschen. Beten und arbeiten. Beten steht dabei an erster Stelle. Das heißt nicht bitten oder gar betteln, das heißt auch nicht, regelmäßig auswendig gelernte Formeln aufsagen, sondern richtig betont heißt es „ge-bet“. Das heißt das Hingeben der alten Identität, der Identifikation mit dem Ego, die Hingabe des Eigenwillens und das harmonische Einfügen in den Schöpfungswillen. Das ist wahres Beten und gleichzeitig die schwerste Arbeit, die es gibt. Unser ganzes Leben gehört dann der Schöpfung. Deshalb ist wahres Beten die wichtigste und gleichzeitig schwerste Arbeit des Lebens.

Doch der andere Teil ist genauso wichtig, nämlich wirklich zu arbeiten. Das heißt nicht, die erlernte Tätigkeit einigermaßen auszuüben, um Geld zu verdienen, sondern seine Berufung zu erkennen und als göttlichen Auftrag auszuführen, dann erst kommt das Dienen, dann das Verdienen.

So verstanden ist die Arbeit ein Quell der Freude. Beim „Gottesdienst“ gibt es keinen Streß.

Wir tragen einfach den Teil zum Ganzen bei, den wir beitragen können, und erfüllen optimal den Platz, auf den uns das Leben gestellt hat, und reihen einen erfüllten Augenblick an den anderen zu einem erfüllten Leben.

So, wie die körperliche Geburt zwei Eltern braucht, so braucht auch die geistige Geburt zwei Eltern, nämlich:

Weisheit und Liebe.

Ohne Weisheit und Liebe kann niemand seine geistige Geburt erleben, denn er hätte keine Eltern. Keiner von beiden kann allein die geistige Geburt bewirken, es braucht immer beide. Diese vollkommene und endgültige Auferstehung des Neuen Menschen geschieht nicht plötzlich, sondern Schritt für Schritt. Doch wenn das Licht in uns einmal erwacht ist, wird es nie mehr verlöschen und nach und nach den ganzen Menschen durchlichten und erleuchten.

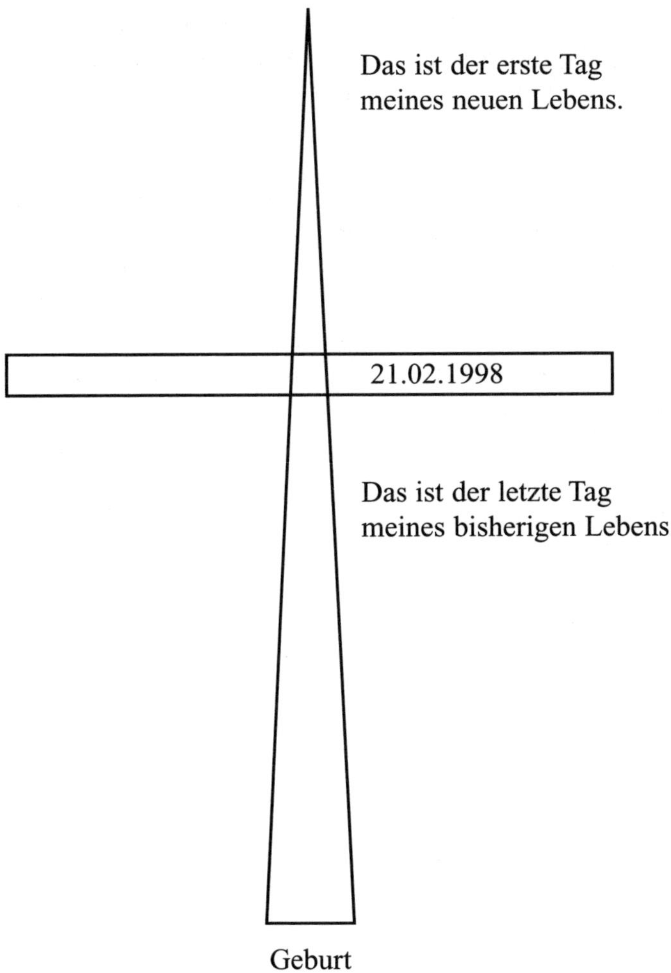
Das ist der erste Tag
meines neuen Lebens.
21.02.1998
Das ist der letzte Tag
meines bisherigen Lebens.
Geburt

Dein Leben

Dein Leben ist eine einmalige Melodie, die du selbst auf dem Instrument des Lebens spielst. Deine Mutter, dein Vater, deine Geschwister und Freunde, alle spielen auf deinem Instrument ihre Melodie von deinem Leben, reden dir ein, daß du nicht spielen kannst, daß du nicht weißt, welches Lied für dich gut ist. Aber es ist dein Leben, für das du verantwortlich bist. Ganz gleich, was für ein Lied du spielst oder spielen läßt, du trägst allein die Folgen.

Also beginne, dein Lied selbst zu bestimmen, die einmalige Melodie deines Lebens und wenn du einmal einen falschen Ton anschlägst, dann denke daran: Keiner der hier ist, spielt fehlerfrei. Aber lerne aus deinen Fehlern, so daß deine Melodie immer reiner erklingt, eine Melodie, die dir Gesundheit, Liebe und Harmonie schenkt, vor allem aber Freude, denn das „Spiel des Lebens“ findet dir zur Freude statt.

Jeder möchte die Welt verbessern,
und jeder könnte es auch,
wenn er nur bei sich selber
anfangen wollte.

Karl Heinrich Waggerl

Lieber ein Licht anzünden,
als über die Finsternis klagen.

Chinesische Weisheit

Ein Mann, dessen Leben beendet war, erschien vor Gott. Und Gott blickte auf dessen Leben zurück und zeigte ihm die vielen Lektionen, die er gelernt hatte. Als er fertig war, sagte er: „Mein Sohn, möchtest du etwas fragen?" Und der Mann antwortete: „Während du mir mein Leben zeigtest, fiel mir auf, daß du in guten Zeiten neben mir gingst. In schlechten Zeiten aber war da nur eine Fußspur. Mein Vater, warum hast du mich in schwierigen Zeiten verlassen?" Und Gott antwortete: „Du verstehst es falsch, mein Sohn. Es ist wahr, daß ich in guten Zeiten neben dir ging und dir den Weg zeigte, aber in schwierigen Zeiten, DA HABE ICH DICH GETRAGEN."

Das „Geheimnis der Unbesiegbarkeit“

Solange ich in Harmonie mit dem Höchsten Bewußtsein des Universums bin, bin ich lange unbesiegbar, denn ein Gegner müßte die Harmonie des Höchsten Bewußtseins stören, um mich zu besiegen, und das ist nicht möglich. Er ist schon besiegt, bevor er angegriffen hat.

Was aber, wenn auch er in Harmonie mit dem Höchsten Bewußtsein ist? Wenn auch er in Harmonie mit dem Höchsten Bewußtsein ist, kann er nicht gleichzeitig gegen mich sein, mich also auch nicht angreifen, denn wir sind eins!!!

Ich bin da!!!

Bedarfst du Meiner?
Ich bin da.
Du kannst Mich nicht sehen, doch
Ich bin das Licht, das dich sehen macht,
Du kannst Mich nicht hören, doch Ich spreche
durch deine Stimme.
Du kannst Mich nicht fühlen, doch Ich bin die
Kraft deiner Hände.
Ich wirke, obwohl du Meine Wege nicht verstehst.
Ich wirke, obwohl du Meine Werke nicht erkennst.
Ich bin keine übernatürliche Erscheinung. Ich bin
kein Mysterium.
Nur in vollkommener innerer Stille, jenseits alles
Persönlichen, kannst du wissen, wie ich bin, und
nur als Empfindung und als Glaube.
Doch Ich bin da. Doch Ich höre. Doch Ich antworte.
Wenn du Meiner bedarfst, bin Ich da.
Selbst wenn du Mich leugnest, bin Ich da.
Selbst wenn du dich ganz verlassen fühlst, bin
Ich da.
Selbst in deinen Ängsten bin Ich da.
Selbst in deiner Qual bin Ich da.

Ich bin da, wenn du betest und wenn du nicht
betest.
Ich bin in dir, und du bist in Mir.
Nur in deinem Bewußtsein kannst du dich von
Mir getrennt fühlen, denn nur in deinem Bewußtsein
gibt es den Schleier von „dein“ und „mein“.
Doch nur in deinem Bewußtsein kannst du Mich
kennen und erleben.
Entlasse die törichte Furcht aus deinem Herzen.
Wenn du dir nicht mehr selbst im Wege stehst,
bin Ich da.
Du allein kannst nichts tun, Ich aber kann alles tun.
Und Ich bin in allem.
Obwohl du das Gute nicht magst, ist das
Gute da, denn Ich bin da.
Ich bin da, weil Ich sein muß, weil Ich bin.
Nur in Mir hat die Welt einen Sinn; nur aus Mir
gewinnt die Welt Gestalt; nur durch Mich schreitet
die Welt fort.
Ich bin das Gesetz, auf dem die Bewegung der
Gestirne und das Wachstum aller lebenden Zellen
beruht.
Ich bin die Liebe, die des Gesetzes Erfüllung ist.
Ich bin Sicherheit. Ich bin Friede. Ich bin Einheit.
Ich bin das Gesetz, nach dem du leben kannst.
Ich bin die Liebe, an die du dich klammern kannst.
Ich bin deine Sicherheit. Ich bin dein Friede.
Ich bin eins mit dir. Ich bin.
Selbst wenn du versagst, Mich zu finden,
Ich versagte Mich dir nicht.
Auch wenn dein Glaube an Mich unsicher ist,
Mein Glaube an dich wankt nie, weil Ich dich kenne,
weil ich dich liebe.
Ich liebe dich. Ich bin da.

James Dillet Freeman

L e s e r s e r v i c e

PROF. KURT TEPPERWEIN PERSÖNLICH ERLEBEN:

Wünschen Sie tiefer in das Thema dieses Buches einzusteigen und die Chance zu nutzen, Prof. Kurt Tepperwein live zu erleben?

Wir bieten Ihnen die folgenden Seminare und Ausbildungen an:

SEMINARE:

- ❑ Mentalkybernetik
- ❑ Heile Dich selbst
- ❑ Perlen der Weisheit
- ❑ Erfolgreiche Praxisführung
- ❑ Erfolg-reich-sein

- ❑ Optimales Selbstmanagement
- ❑ Atman (Durchbruch zur Wirklichkeit)
- ❑ Der Tepperwein-Prozeß
- ❑ Märchenhaft Leben
- ❑ Ferienakademien

AUSBILDUNGEN:

- ❑ Dipl. Lebensberater
- ❑ Dipl. Intuitions-Trainer
- ❑ Dipl. Bewußtseins-Trainer
- ❑ Dipl. Seminarleiter

HEIMSTUDIENGÄNGE:

- ❑ Dipl. Lebensberater
- ❑ Dipl. Intuitions-Trainer
- ❑ Dipl. Erfolgs-Trainer
- ❑ Dipl. Mental-Trainer
- ❑ Dipl. Seminarleiter
- ❑ Dipl. Mental-Gesundheitsberater

GESAMMTPROGRAMM:

- ❑ Gesamtseminar- und Ausbildungsprogramm der IAW
- ❑ Neuheiten der Bücher, Audio- und Videoprogramme von Prof. Kurt Tepperwein

Dazu ein persönliches Geschenk:

Die 20-seitige Broschüre „Praktisches Wissen kurz gefaßt“ von Prof. Kurt Tepperwein.

Sie erhalten Ihre gewünschten Informationen selbstverständlich kostenlos und unverbindlich bei:

Gerhard Dietrich – Seminarorganisation
A-8101 Gratkorn, Hermann-Lex-Weg 1 ☎ 03124/24501

Deutschland: Telefon / Fax 0911 / 69 92 47 (Beratungssekretariat)

Kurt Tepperwein

Das Huna-Geheimnis

Die hawaiianische Heilmagie

Innere Harmonie / Gelassenheit / Glück / Selbstvertrauen / die Zukunft selbst gestalten / unerwünschtes Verhalten ändern / sich als Teil der allumfassenden Harmonie und Ordnung spüren – wer von uns träumt nicht von allen diesen erstrebenswerten Zuständen? Dass es keine unerfüllten Träume bleiben müssen, zeigt dieses neue Buch von Prof. Kurt Tepperwein.

Einführung in die Geheimnisse der HUNA - Meditation, die es jedem Menschen ermöglicht, sein eigenes Schicksal selbst in die Hand zu nehmen und den Weg zu seinem wahren inneren Wesen zu finden und ihn auch zu gehen.

Durch sehr anschauliche Begriffe und Bilder und einleuchtende Beispiele führt Prof. Kurt Tepperwein uns diesen Weg vor Augen und zeigt, dass es auch für uns westliche Menschen einen Zugang zu diesem Geheimnis gibt.

Wer bereit ist, sich mit den aufgezeigten Möglichkeiten auseinanderzusetzen, wird Freude und eine unvergleichliche Bereicherung seines Lebens erfahren.

ISBN 3-931 652-42-4
184 Seiten, broschiert
DM 26,80

ISBN 3-931 652-34-3
broschiert, 208 Seiten, DM 26,80

Kurt Tepperwein

Wissen, Handeln, Sein

So viele Menschen haben sich spirituelles Wissen durch Bücher, Videos, Seminare und Vorträge angeeignet. Doch endlich wird es Zeit, dieses Wissen auch anzuwenden zu seinem eigenen Glück und Vorteil und somit auch zum Glück und Vorteil der anderen.
Ein Buch, das uns „reagieren“ läßt.

Kurt Tepperwein

Dein Zahlenschlüssel

ISBN 3-931 652-19-X
broschiert, 136 Seiten, DM 19,80

Der Autor macht uns mit der Essenz des uralten numerologischen Wissens vertraut. Durch einen Zahlenschlüssel erfahren wir Entscheidendes über unsere Fähigkeiten und Eigenschaften, die wir aus früheren Leben mitgebracht haben und über unseren »geheimen Persönlichkeitskern«, die wir normalerweise nicht preisgeben. Wir erkennen den Sinn unseres Lebens und unsere Hauptcharaktereigenschaften. Wir haben die Möglichkeit, durch unseren Zahlenschlüssel unser Schicksal selbst zu gestalten und unsere Lebenssituation aktiv zu verbessern.

Marta Cabeza

Tag für Tag mit den Engeln

ISBN 3-931 652-40-8
broschiert, 200 Seiten,
49 Karten mit Box,
DM 39,80

»Tag für Tag mit den Engeln« wurde als Ergänzung zum Kartenspiel »Mit den Engeln spielen« konzipiert.
»Mit den Engeln spielen« ist ein Kartenspiel der Verwandlung. Es hilft uns, unsere Alltagswirklichkeit bewußt zu erleben, indem es uns mit unserer inneren Stimme bzw. unserem „inneren Engel" verbindet. Dadurch bekommen wir die große Chance, Vergangenheit und Zukunft zu verändern, zu Gunsten einer bewußt gelebten Gegenwart, voller Liebe und stets geleitet durch unsere Intuition.

Jean-Marie Paffenhoff

Die Engel Deines Lebens

Wie Du mit ihnen Kontakt aufnimmst

ISBN 3-931 652-17-3
gebunden, 304 Seiten, DM 33,00

Ein Buch über unsere drei unterschiedlichen Schutzengel und darüber, wie wir mit ihnen in Verbindung treten können.
Es werden die Zusammenhänge der Schutzengel zur Bibel, zur Kabbala und zum hebräischen Alphabet erläutert.
Der Autor gibt außerdem eine Einführung in das System der Kabbala mit Meditationstechniken.